MARCO ⊕ POLO
UMBRIEN

W0173896

Fünf Symbole sollen Ihnen
die Orientierung in diesem Führer erleichtern:

für Marco Polo Tips – die besten in jeder Kategorie

für alle Objekte, bei denen Sie auch eine schöne Aussicht haben

für Plätze, wo Sie bestimmt viele Einheimische treffen

für Treffpunkte für junge Leute

(108 / A 1)
Seitenzahlen und Koordinaten für den Reiseatlas Umbrien

Diesen Führer schrieb Ursula Romig-Kirsch.
Sie lebt in der Toskana, ist Umbrien-Liebhaberin
und hat lange am Deutschen Kunsthistorischen
Institut in Florenz gearbeitet.

Die Marco Polo Reihe wird herausgegeben
von Ferdinand Ranft.

Die aktuellsten Insider-Tips finden Sie im Internet unter http://www.marco-polo.de

MAIRS GEOGRAPHISCHER VERLAG

MARCO 🌐 POLO

Für Ihre nächste Reise gibt es folgende Titel dieser Reihe:

Die Marco Polo Redaktion freut sich, wenn Sie ihr schreiben: Marco Polo Redaktion, Mairs Geographischer Verlag, Postfach 31 51, D-73751 Ostfildern

Unsere Autoren haben nach bestem Wissen recherchiert. Trotzdem schleichen sich manchmal Fehler ein, für die der Verlag keine Haftung übernehmen kann.

Titelbild: Assisi (Anthony: Fuchs-Hauffer)
Fotos: Anzenberger: Mattioli (27); O. Baumli (74); Mauritius: Hubatka (107); D. Messina (59, 71, 78); Michelangeli (22); Roncella (81); P. Santor (36, 48); A. Sperber (10, 14, 19); O. Stadler (16, 20, 42, 63, 68); M. Strobel (4, 7, 28, 52, 86); Studio Fotografico Gaviran Gubbio (24); M. Thomas (31, 47, 60, 65)

3., aktualisierte Auflage 2000 © Mairs Geographischer Verlag, Ostfildern
Chefredakteurin: Marion Zorn
Lektorat: Ursula Nestler
Gestaltung: Thienhaus/Wippermann (Büro Hamburg)
Kartographie Reiseatlas: © Mairs Geographischer Verlag
Sprachführer: in Zusammenarbeit mit dem Ernst Klett Verlag für Wissen und Bildung GmbH, Redaktion PONS Wörterbücher

Printed in Germany
Gedruckt auf 100% chlorfrei gebleichtem Papier

INHALT

Entdecken Sie Umbrien!

Stille Landschaften, stolze Städte und uralte Klöster im grünen Herzen Italiens

Nach Umbrien sollten Sie reisen – möglichst bald. Die kleine Region hat viel von ihrem ursprünglichen Charme bewahrt. In jüngster Zeit hat Umbrien in den Medien vor allem durch Berichte über Erdbeben Berühmtheit erlangt. Die Region gehört zu den seismisch unruhigsten Zonen Italiens – aus diesem Grund ist Umbrien aber auch besser auf eventuelle Beben vorbereitet als jedes andere Gebiet Italiens. Dank sehr strikter Bauvorschriften und Sicherheitsmaßnahmen – besonders bei Hotels und öffentlichen Gebäuden – hielten sich selbst bei stärkeren Beben die Schäden in Grenzen, Menschenleben sind praktisch nie zu beklagen. Und der Süden Umbriens hat seit zwei Jahrhunderten kein Beben mehr erlebt. Das Epizentrum des letzten größeren Bebens vom Herbst 1997 lag bei Foligno. Hier sowie weiter nördlich in Nocera Umbra und Gualdo Tadino werden die Touristen noch Einschränkungen hinzunehmen haben.

Uralt sind die steinernen Treppengassen von Spello

Umbrien ist eine der schönsten und lieblichsten Regionen Italiens. »Schrägeinsteiger«, die von Orvieto nach Osten fahren, werden sofort ganz vom Zauber dieser Landschaft gefangen genommen. Große Ebenen mit kleinen bäuerlichen Anwesen, Weilern und Dörfern übersät, gepflegte Olivenhaine, deren silbrigglänzende Blätter sich im Frühling über endlosen Mohnfeldern wiegen, schnurgerade Reihen von Rebstöcken, die sich die Hügel emporziehen, gelbgrüne Tabakfelder und sorgsam bebaute Gärten, abgegrenzt durch hohe Pappeln und kleine Bachläufe, und im Mai an jeder Mauer, in jedem Garten blühende Rosen – das ist die Landschaft der *Valle Umbra*. Das große umbrische Tal zieht sich von Perugia im Norden bis Spoleto im Süden. Der Clitunno, der den Römern heilig war und an dessen Ufern die berühmten weißen Stiere weideten, durchfließt dieses Tal. Den »Hain der Götter« kann man noch immer besuchen. Wo sich Properz, Vergil und Plinius d. J. zu Oden inspirieren ließen, wo Goethe und Lord Byron in Verzückung gerieten, führen jetzt Mütter ihre

Kinder um die glasklaren Quellseen. Einst zogen die Heerscharen auf der Via Flaminia hier vorbei – heute braust der Verkehr über die Schnellstraße, die das Tal in seiner ganzen Länge durchschneidet.

An den Rändern des *Valle Umbra* liegen die mittelalterlichen Hügelstädte mit ihren Kirchen und Palästen, Toren und Brücken, mit Sträßchen und steilen Treppengassen, die meist zur zentralen Piazza führen. Vor der Bar oder einem Café läßt sich das Treiben hier verfolgen, und bei einem Campari, Cappuccino oder auch einem Glas Wein legt man so langsam den Streß unserer nördlichen Regionen ab und taucht ein in das gemächlichere, erdverbundene Leben dieser Orte. In Umbrien scheint alles auf das menschliche Maß zugeschnitten. Auf 8456 qkm (Umbrien ist die fünftkleinste Region Italiens) leben nur 824 000 Einwohner, 97 auf einem qkm; nur die beiden Provinzhauptstädte, Perugia und Terni, kommen auf mehr als 100 000 Einwohner. Dabei war Umbrien im Mittelalter am europäischen Durchschnitt gemessen dicht besiedelt, und um 1600 lebten bereits etwa 300 000 Menschen in der Gegend – eine Zahl, die über Jahrhunderte konstant blieb und erst nach der Loslösung vom Kirchenstaat, 1860, bis zur Mitte des 20. Jahrhunderts langsam anstieg. Es ist dieser lange Dornröschenschlaf eines von der Welt beinahe vergessenen Landstrichs, dem heute vor allem die architektonischen Kleinode zu verdanken sind. Das »arme Umbrien« hatte über Jahrhunderte nicht die Mittel zur Zerstörung alter Substanz und zum Aufbau »besserer« Strukturen. Die Menschen lebten in denselben Häusern, in denen schon ihre Vorfahren gelebt hatten, und sie gingen zum großen Teil denselben Tätigkeiten nach. Kleine Handwerker und vor allem Bauern und Hirten bevölkerten die Region. *Mezzadria,* Halbpacht, war bis ins 20. Jahrhundert die Regel: Die Kirche, als größter Grundbesitzer, oder die meist in den Städten lebenden Großgrundbesitzer ließen das Land von Bauern bewirtschaften und kassierten die Hälfte der Erträge. Wohnraum und Werkzeug mußte der Besitzer stellen, und es waren verschwindend wenige, die sich auch um ihre Instandsetzung oder gar Modernisierung kümmerten. Elektrizitäts- und Wasseranschluß blieben oft bis in die siebziger Jahre ein Traum.

In den Städten sah es nicht viel anders aus; waren es ursprünglich Desinteresse oder Not, die Neuerungen ausschlossen, so war es später der Stolz der Besitzer auf die Paläste oder Häuser ihrer Vorfahren, der Umbriens Stadtzentren vor modernen Verwüstungen schützte. Gubbio, Perugia, Città di Castello, Spello, Montefalco, Trevi, Spoleto, Narni, Amelia, Todi und Orvieto sind Orte, deren mittelalterlicher Kern unverändert erhalten blieb. Foligno und Terni dagegen wurden im letzten Weltkrieg schwer bombardiert; das Bergstädtchen Norcia hat trotz wiederholter Erdbeben sein ursprüngliches Aussehen bewahren können, und im kleinen Bevagna scheint sogar die Zeit stehengeblieben zu sein. Assisi nimmt eine Sonderstellung unter den Städten Umbriens ein. Hier wurde der hl. Franziskus,

In diesem Saal im Palazzo dei Priori trafen sich einst Perugias Notare

der Nationalheilige Italiens, geboren, und die kleine Stadt steht ganz in seinem Zeichen. Die mächtige Grabeskirche des Heiligen und die vielen Orte in der Umgebung von Assisi, die er im Lauf seines Lebens aufgesucht hat, werden Jahr für Jahr von Hunderttausenden von Pilgern besucht. Alle christlichen Orden – außer Dominikanern und Augustinern – haben in herrlichen Gärten am Berg oder in den engen Gassen der Stadt ihre Klöster errichtet. Und trotz der vielen Menschen scheint der Friede, den dieser Heilige verbreitet hat, noch immer über Assisi zu ruhen – besonders am frühen Morgen, wenn sich die Nebelschleier unten im Tal auflösen und die Erhebungen, die Felder und Wiesen langsam aus dem Dunst treten.

Umbrien erwacht. In dem einst vorwiegend bäuerlichen Land arbeiten nur noch etwa elf Prozent der Bevölkerung in der Landwirtschaft – offiziell, denn die meisten in ländlichen Gegenden lebenden Umbrier (und die meisten leben in ländlichen Gegenden) bestellen ihren Acker, Weinberg oder Olivenhain noch neben ihrer statistisch erfaßten Erwerbstätigkeit; 93 Prozent des regionalen Gebiets sind noch immer landwirtschaftliche Fläche, Wald oder Gebirge. Öl- und Weinproduktion, Tabak- und Rübenanbau, Holzwirtschaft und Fischfang, aber vor allem Schaf- und Schweinezucht (auf jeden Einwohner Umbriens kommen drei Schweine) sind die traditionellen bäuerlichen Wirtschaftsformen.

Die Industrialisierung Umbriens begann erst nach der Angliederung der Region an das Vereinte Königreich Italien, im letzten Jahrzehnt des 19. Jahrhunderts. Im wasserreichen Becken von Terni siedelten sich die ersten Großbetriebe, vor allem auf dem stahlerzeugenden und chemischen Sektor, an. Einst Mussolinis hochproduktive Waffenschmiede, ist Terni heute von der europäischen Stahlkrise betroffen und hat die höchste Arbeitslosenquote der Region. In Foligno ist die Papier- und Druckindustrie vorherrschend – hier wurde 1472 die erste Auflage von Dante Alighieris »Göttlicher Komödie« gedruckt. Der wirtschaftliche Mittelpunkt Umbriens ist heute die Hauptstadt der Region: Perugia. Vor allem die Lebensmittelindustrie, aber auch Zementherstellung und Bauindustrie, Dienstleistungsbetriebe und der stetig wachsende Tourismus bieten hier die meisten Arbeitsplätze. Daten und Statistiken schaffen Vergleichsmöglichkeiten und vermitteln Eindrücke – aber sie sind nicht das wesentliche. Das wesentliche ist die Landschaft, und es sind vor allem die Menschen.

Umbrien hat eine unvergleichlich schöne, vielseitige Landschaft, und nirgendwo in Italien habe ich freundlichere Menschen getroffen. Die touristischen Möglichkeiten sind noch nicht voll erschlossen, aber die Hilfsbereitschaft der Bewohner und ihr Bemühen, den Fremden in Umbrien als willkommenen Gast zu begrüßen, machen alle Unzulänglichkeiten wett. Ein freundliches Lächeln am Weg, helfende Hände, wenn der Wagen an einer steilen Stelle streikt, der Stolz, mit dem ein Teller dampfender Suppe vor mich hingestellt wurde: Das sind Erinnerungen an Umbrien, die bleiben. Nichts ist vergleichbar mit dem Sonnenaufgang über den Wiesen des Piano Grande, mit der Freude, die eine stehende Forelle in einem klaren Gebirgsbach zu erwecken vermag, mit dem Duft der tiefen Wälder im Herbst, mit Sonnenuntergängen am Trasimenischen See. Die herrlichen Dome und Kirchen, die stolzen Abteien, aber auch manch kleines Kirchlein am Weg, ein Fresko, ein Relief – staunend und oft ehrfürchtig werden sie betrachtet. Das Valnerina, das enge, von Burgen und hochgetürmten Weilern gesäumte Tal im Osten des Landes, kurvige, oft steile Straßen mit herrlichen Ausblicken – Umbrien ist unendlich vielseitig!

Der Apennin, der die ganze italienische Halbinsel durchzieht, grenzt die Region nach Osten, gegen die Marken, ab. Seine Gipfel erheben sich in Umbrien nur im äußersten Südosten über 1500 m; dort liegen die Monti Sibillini, ein langgestrecktes Karstgebirge, dessen höchste Erhebung der Monte Vettore mit 2476 m ist – sein Gipfel liegt jedoch schon in den Marken. Die Via Flaminia, eine der römischen Konsularstraßen, durchzieht ganz Umbrien und führt über den Scheggia-Paß zur adriatischen Küste. Auf ihr kamen die Römer, deren Bauten noch mancherorts zu bewundern sind; auf ihr wanderten die Mönche und Heiligen, sie trugen das Christentum in die entlegene Region und errichteten herrliche Abteien; aber auf der Via Flaminia fielen auch Byzantiner, Goten und Langobarden in das stille Land ein. Karl der Große, Barbarossa, der Staufer Friedrich II., Päpste und Statthalter der Kirche – alle zogen hier durch und hinterließen ihre Spuren. Heute durchqueren Reisende auf der Schnellstraße in anderthalb Stunden ganz Umbrien – doch sie sollten sich mehr Zeit nehmen.

Geschichtstabelle

1500 v. Chr.
Erste Siedlungen in Umbrien

800 v. Chr.
Umbrer kommen vom Adriatischen Meer und siedeln links des Tiber; Gründung von Assisi, Gualdo Tadino, Gubbio, Spoleto

400 v. Chr.
Die Städte geraten immer mehr unter römische Vorherrschaft

220 v. Chr.
Bau der Via Flaminia

217 v. Chr.
Hannibal besiegt die Römer am Trasimenischen See

89 v. Chr.
Alle Städte werden Municipien mit römischem Bürgerrecht

13–14 n. Chr.
Das Römische Reich wird in Regionen eingeteilt: Regio VI, östlich des Tiber, ist Umbria

480
Der heilige Benedikt wird im heutigen Norcia geboren

568
Einfall der Langobarden; Gründung des Herzogtums Spoleto

754
Mit der Pippinschen Schenkung wird der Grundstein zum späteren Kirchenstaat gelegt

1075–1250
Ständige Kämpfe zwischen Päpsten und deutschen Kaisern festigen die Macht der Städte

1182
Franz von Assisi wird geboren

1308
Gründung der Universität Perugia

1348
Die Pest wütet in Mittelitalien

15.–16. Jh.
Umbrien wird dem Kirchenstaat einverleibt

1540
Niederlage Perugias im »Salzkrieg« gegen Papst Paul III.

1703
Schweres Erdbeben

1798–1799, 1809–1814
Die päpstliche Herrschaft über Umbrien wird durch den Einmarsch napoleonischer Truppen zeitweise unterbrochen

1861
Umbrien wird Provinz des neugegründeten Königreiches Italien

Ende 19. Jh.
Eisenbahnlinie *Centrale Umbra*

1927
Umbrien wird in die Provinzen Perugia und Terni gegliedert

1946
Italien wird Republik

1970
Gründung der Region Umbria mit Perugia als Hauptstadt

1997/98
Erdbeben in Nord-Umbrien

Von den Umbrern zum Olivenöl

*Im Land der Heiligen und Maler führt die Reise
durch mittelalterliche Traumkulissen*

Eugubinische Tafeln

Wären nicht 1444 in einem Gemüsegarten in der Nähe des römischen Theaters von Gubbio sieben Bronzetafeln ausgebuddelt worden – die Einwohner Umbriens und die interessierte Welt wüßten bis heute noch recht wenig über das Tun und Treiben der legendären Umbrer. Die verschieden großen Tafeln (etwa 30 x 50 cm) sind – zum Teil beidseitig – mit lateinischen und umbrischen Schriftzeichen bedeckt, die Auskunft geben über öffentliche und private Zeremonien und Kulte und über die Ordnung des Staates. Die Entstehungszeit der Tafeln wird auf das 2. oder 1. Jh. v. Chr. datiert. Zu sehen sind sie in einem kleinen Raum des Palazzo dei Consoli in Gubbio.

Freskomalerei

Eine in Umbrien vom 13. bis 15. Jh. besonders oft angewandte Technik der Malerei, die außergewöhnliches Können verlangt. Laugenechte Wasserfarben (Ockererden, Eisen- und Manganoxyde) werden auf frisch angebrachtem, noch feuchten Mörtel aufgetragen. Da man auf dem feuchten Mörtel allerhöchstens einen Tag lang malen kann, erfordert die Arbeit außer Geschwindigkeit höchste Konzentration. Der auf einem Karton festgehaltene Entwurf zum Fresko wird vorher auf die Wand übertragen.

Guelfen und Ghibellinen

Die zwei großen Parteien, die im Mittelalter in Italien – vor allem in der Toskana und in Umbrien – entstanden, bildeten sich aus Anhängern des Welfen Otto IV. (Guelfen) und Anhängern des Staufers Friedrich II. (Ghibellinen); erstere waren Unterstützer der päpstlichen Ansprüche, die anderen Sympathisanten des Kaisers, wobei die Guelfen als Partei der Städter, die Ghibellinen dagegen als Vertreter des landbesitzenden Adels galten. Ursprung der Streitereien war die Pippinsche Schenkung von 754, die dem Papst große Teile Italiens zusprach, später jedoch umstritten war. Bis zum 15. Jh. zogen

*Kaum ein anderer Heiliger
hat die Kunst- und Kirchengeschichte
so beeinflußt wie Franz von Assisi*

sich die blutigen Kämpfe der beiden Parteien hin. Die Anhänger drückten ihre Gesinnung sogar in noch heute sichtbaren Bauformen aus: Ghibellinen setzten ihren Burgen und Palästen schwalbenschwanzartig geformte Zinnen auf, die Zinnen der Guelfen-Paläste sind rechteckig.

Heilige

Umbrien wird das Land der Heiligen genannt – über fünfzig wurden in dieser Landschaft geboren. Zwei von ihnen haben die Welt verändert: Benedikt von Nursia und Franz von Assisi.

Der hl. Benedikt wurde mit seiner Zwillingsschwester, der ebenfalls bald heiliggesprochenen Scholastika, im Jahr 480 in Nursia, dem heutigen Norcia, geboren. 529 gründete er mit wenigen Gleichgesinnten auf dem Monte Cassino das erste Kloster; es war durch Mauern von den Versuchungen der Außenwelt abgeschirmt. Hier schrieb Benedikt zwischen 530 und 547 die Regeln des Benediktinerordens nieder. Die Forderung »Ora et labora«, bete und arbeite, bestimmte fortan das Leben der Klosterbrüder und wurde über Jahrhunderte die alleingültige Regel aller Orden. Benedikt von Nursia starb am 21. März 547 in Montecassino. Als der Abt von Fleury (St-Benoît-sur-Loire) von der Zerstörung des Klosters durch die Langobarden erfuhr, ließ er um 673 die Gebeine des Heiligen nach Frankreich bringen.

Franz von Assisi, 1182 geboren, war der andere große Ordensgründer und Heilige Umbriens. Armut, Demut, Nächstenliebe und Gebet waren die Maximen seines Lebens und die Grundregeln des von ihm gegründeten Ordens der Franziskaner, zahlenmäßig auch heute noch der größte christliche Orden der Welt. Franziskus hatte eine sorglose Jugend als Sohn wohlhabender Eltern verbracht, als ihn lange Gefangenschaft nach einem Feldzug und schwere Krankheit über die wahren Werte des Lebens nachdenken ließen. Von einer Wallfahrt aus Rom zurückgekehrt, betet Franziskus im Kirchlein S. Damiano, als ihm vom Kreuz eine Stimme zuruft: »Geh, Franziskus, und bringe mein Haus in Ordnung!«

Von 1207 bis 1209 führt er ein nur dem Gebet und der Nächstenliebe geweihtes Leben bei der Porziuncola, dem kleinen Kirchlein unterhalb Assisis, wo sich bald Gleichgesinnte zu ihm gesellen. Für diese zwölf Gefährten legt Franziskus 1209 in der Regel des Ordens der Minderbrüder (Minoriten) die »göttliche Berufung zur Armut, zu hilfreicher Tat und zur Predigt« fest. 1212 gründet Franziskus den Orden der Klarissinnen, 1221 stiftet er den Dritten Franziskanerorden (Tertiarierorden) für Laien, die sich ganz einer christlichen Lebensführung verschreiben. Er zieht sich in die Bergeinsamkeit des Klosters La Verna in der nahen Toskana zurück, wo er 1224 die Wundmale Christi empfängt. Nur zwei Jahre später, am 3. Oktober 1226, stirbt Franz von Assisi, erst 44jährig, in der Porziuncola. Franziskus wurde bereits zwei Jahre nach seinem Tod unter dem Jubel des Volkes von Papst Gregor IX. in Assisi heiliggesprochen; sein Leichnam wurde am 25. Mai 1230 in der eigens für ihn errichteten Grabeskirche S. Francesco in Assisi beigesetzt.

Zu den Heiligen, die in Umbrien besonders verehrt und deren Festtage mit großen Feierlichkeiten begangen werden, gehören noch zwei Frauen. Die hl. Klara, Chiara di Offreduccio, wurde 1194 in Assisi geboren. Altersgenossin von Franziskus, entsagte sie gleich ihm dem sorglosen Leben, flüchtete zu der Bruderschaft in der Porziuncola und wurde die geistige Weggefährtin des Heiligen. Für sie und ihre Weggefährtinnen gründete Franziskus 1212 den Orden der Klarissinnen, deren Schutzpatronin sie ist. Klara starb 1253 in S. Damiano, dem ersten Kloster ihres Ordens. 1255 wurde sie heiliggesprochen und 1260 in die für sie erbaute Kirche S. Chiara in Assisi überführt.

Die hl. Rita ist die berühmteste Tochter der umbrischen Stadt Cascia. Die dem Augustinerorden angehörende Nonne wurde um 1380 im nahen Roccaporena geboren und starb am 22. Mai 1457 in Cascia; 1900 wurde sie heiliggesprochen. In Cascia baute man ihr daraufhin eine Basilika und ein Kloster – die ganze Stadt lebt seitdem indirekt von der Anziehungskraft der Heiligen, kein Wunder: Sie ist für scheinbar unerfüllbare Wünsche zuständig!

Olivenöl

Das in Umbrien gewonnene Olivenöl gilt – neben dem toskanischen – als das beste Italiens. Die silbrigglänzenden Olivenhaine ziehen sich vom Lago Trasimeno durch das ganze Valle Umbra bis nach Spoleto; sie liegen meist in etwa 300 Meter Höhe, und eine alte Faustregel besagt: je höher die Lage der Haine, um so besser das Öl. Bei der Gradierung geben Säuregehalt, Farbe und Geschmack des Öls den Ausschlag. In Umbrien gewonnenes Olivenöl zeichnet sich durch einen besonders niedrigen Säuregehalt (zwischen 0,5 und 1 Prozent), tiefgrüne Farbe und besonders fruchtigen Geschmack aus. Diese Angaben gelten für »Olio Extra Vergine« oder, so die neue EU-Bezeichnung, »Natives Olivenöl Extra«. Die Güte des neugepreßten Olivenöls bleibt bei richtiger Lagerung (um 18 Grad im Dunkeln) die ersten drei Jahre unverändert und nimmt erst dann ganz allmählich ab.

Reisezeit

Am schönsten ist es im Mai und Juni, wenn die vielen religiösen Feste stattfinden, aber auch im Oktober, der Zeit der Weinlese. Von November bis Dezember legt sich der Duft der frischgepreßten Oliven über die Dörfer, es kann regnen und schon empfindlich kalt sein. Im Dezember und Januar liegt auf den Berghöhen oft Schnee, es ist die Zeit der Trüffeln und der fast leeren Kirchen und Museen; auch die Tage im Februar, wenn es oftmals regnet, sind zu intensiver Kunstbetrachtung. Im März und April hält der Frühling seinen Einzug und hüllt das Umbrische Tal in eine zartrosa Wolke blühender Obstbäume. Im Juni und Juli finden Umbriens wichtige Festspiele statt, August und September sind die italienische Ferienzeit par excellence: Schwimmen, Segeln und herrliche Wanderungen in den Bergen sind angesagt. Der Sommer kann Spitzentemperaturen bis 40 Grad bringen, im Winter herrscht in den Ebenen mediterranes Klima um 10 Grad, auf den Höhen kann die Temperatur aber leicht unter die Gefriergrenze fallen. Ein warmes Kleidungsstück – und ein Schirm! – sind das ganze Jahr über angebracht.

Seen

»Die blauen Augen in der grünen Landschaft Umbriens« werden sie poetisch genannt. Der Lago Trasimeno im Nordwesten des Landes ist mit 128 qkm Fläche der größte See in Umbrien und der viertgrößte ganz Italiens. Hannibal, der Karthager, schlug hier im Jahr 217 v. Chr. die Truppen des römischen Konsuls Gajus Flaminius, rund 15 000 Legionäre fanden nördlich des Sees ihr Grab. Der Trasimenische See, dessen Wasserspiegel im Lauf der Jahrhunderte wesentlich gesunken ist (seine Tiefe beträgt heute um 6 m), ist das reichste Süßwasserreservoir Italiens, aus dem jährlich bis zu 20 000 Zentner Fische geholt werden, und eines der beliebtesten Ausflugsziele.

Vogelparadiese sind außer dem schilfbestandenen Südufer des Lago Trasimeno der Lago di Corbara und der Lago di Alviano nahe Orvieto, die beide vom Tiber durchflossen werden und künstlich aufgestaut sind. An den Ufern nisten bis zu 80 Vogelarten. Es herrscht dort Badeverbot, wegen des großen Fischreichtums sind die Seen bei Anglern sehr beliebt.

Landschaftlich grandios in 376 m Höhe liegt der Lago di Piediluco, hinter dem sich die Reatiner Berge erheben. Der Zufluß des Velino bewirkt, daß das tiefgrüne Wasser noch im Sommer empfindlich kalt ist – Vorsicht beim Baden ist geboten. Angler und Surfer finden hier ein kleines Paradies.

Thermen

Es gibt in Umbrien besonders viele Heilquellen. Die Wasser eignen sich vor allem zur Behandlung von Magen-, Leber- und Blasenleiden, Gicht und Frauenkrankheiten. Mit einer Ausnahme (Terme di Fontecchio, März–Dez.) sind alle nur von Mai bis Oktober geöffnet. Eine Kostenbeteiligung der Krankenkassen in Deutschland ist bei ei-

Abendstimmung am Schilfufer des Trasimenischen Sees

nem Kuraufenthalt in einem dieser Bäder grundsätzlich möglich. Besonders hübsch gelegen sind die *Terme di San Gémini*, nordwestlich von Terni. Zahlreiche Hotels und ein jahrhundertealter Park machen den Aufenthalt angenehm, das in der Nähe gelegene römische Ausgrabungsgelände von Carsulae und das mittelalterliche Zentrum von S. Gemini selbst lassen Kunstliebhaber auf ihre Kosten kommen. In Acquasparta, zwischen Terni und Todi, liegen die *Terme Amerino* und die *Terme di Furapane*, die bei Krankheiten der Atemwege angezeigt sind. Weitere Heilbäder sind die *Terme Santo Raggio* in Assisi; in Massa Martana bei Spoleto die *Terme di San Faustino*; in Nocera Umbra, auf der Höhe der Via Flaminia nördlich von Foligno, die eher bescheidenen *Terme del Cacciatore* in wunderschöner Berglandschaft; und nahe Città di Castello die *Terme di Fontecchio*, in denen die Patienten die modernsten Kur- und Freizeiteinrichtungen vorfinden und wo sich auch Tagesgäste mit Fangopackungen verwöhnen lassen können.

Umbrische Malschule

Verträumt lächelnde Madonnen, anmutig schwebende Verkündigungsengel vor lieblichen Landschaften und milde dreinblickende Heilige, Könige und Hirten sind auf den Fresken in den umbrischen Kirchen dargestellt. Diese Fresken stammen meist aus dem Quattrocento (15. Jh.) und gehören der »Umbrischen Schule« an, die der Kunsthistoriker Harald Keller folgendermaßen definiert: »Die umbrische Malerei der Frührenaissance besaß kein echtes Verhältnis zur Wirklichkeit des Lebens. Die umbrischen Maler waren in ihrer Welt der Stille, des Friedens und des Traums zu sehr verfangen, als daß es sie hätte reizen können, den Charakter ihrer Mitmenschen zu ergründen.«

Die wichtigsten Vertreter der umbrischen Schule sind die Maler Perugino und Pinturicchio. Perugino, Pietro di Cristoforo Vannucci, wurde um 1445 in Città della Pieve geboren und starb 1523. Ein Großteil seiner Werke ist in Perugia zu sehen, bedeutende Fresken finden wir auch im Museo S. Francesco in Montefalco, in Trevi und vor allem in seiner Geburtsstadt: das große Fresko »Anbetung der Könige« (1504) im Oratorio dei Bianchi gehört zu Peruginos schönsten und bedeutendsten Werken.

Die Hauptwerke des 1454 in Perugia geborenen Bernardino di Betto, genannt Pinturicchio (gestorben 1513), befinden sich außerhalb Umbriens, in Rom und Siena. In Spello wurde die Cappella Baglioni in S. Maria Maggiore und im Dom von Spoleto die Eroli-Kapelle von Pinturicchio mit Fresken ausgemalt.

Zu den frühen Vertretern der Umbrischen Malschule gehören auch Ottaviano Nelli (ca. 1375 bis 1444), dessen Werke zumeist in seiner Heimatstadt Gubbio zu sehen sind, Masolino da Panicale (Tommaso di Cristoforo, 1383 bis 1447) mit seiner beeindruckenden »Madonna mit Kind« in S. Fortunato in Todi und Nicolò di Liberatore, genannt Alunno (ca. 1430–1502), dessen Hauptwerk, das große Polyptychon »Christi Geburt« (1483), in S. Francesco in Montefalco zu sehen ist.

Im Trüffelparadies

*Das Geheimnis der umbrischen Küche liegt
in ihren frischen Zutaten*

Die italienischen Eßgewohnheiten und zahlreiche Gerichte sind den Deutschen inzwischen hinreichend bekannt; man weiß, daß die Italiener unser deutsches Frühstück nicht kennen, sondern morgens mal rasch in der nächstgelegenen Bar einen *cappuccino*, einen geschäumten Milchkaffee, und eine *brioche* (Hefehörnchen) zu sich nehmen, und daß Teigwaren nicht mit, sondern als erster Gang *(primo)* vor dem Hauptgericht serviert werden. Das Hauptgericht selbst *(secondo)* besteht aus Fleisch *(carne)*, Fisch *(pesce)*, wahlweise auch aus einem Omelett *(frittata)* mit Beilagen *(contorni)* aus Gemüse *(verdura)* – wozu auch Kartoffeln gehören – oder Salat *(insalata)*; sie müssen extra bestellt werden. Eine Vorspeise *(antipasto)*, meistens aus rohem Schinken, verschiedenen Wurstsorten oder *crostini* (mit Leber- oder Trüffelpastete bestrichene Brotscheiben), kann das Essen eröffnen. Zum Abschluß Käse *(formaggio)* und/oder eine Süßspeise *(dolce)*, Kaffee, vielleicht ein Likör *(liquore)* oder Digestiv *(digestivo)* runden ein Essen in einer Trattoria oder einem Ristorante ab.

Pikante Würste und saftige Schinken sind die Spezialität von Norcia

Eiligen, Sparsamen – oder einfach denen, die wenig Hunger (aber hungrige Kinder!) haben, sei empfohlen, in einer Pizzeria oder Spaghetteria zu essen oder sich in einer Garküche *(tavola calda)*, die es aber meistens nur in größeren Städten gibt, verschiedene der köstlichen kleinen Gerichte einpacken zu lassen. Hier ist es auch völlig in Ordnung, wenn man nur ein Gericht bestellt, in einer Trattoria oder Osteria sieht man dies nicht gern, und in einem Restaurant ist es schlechthin unmöglich. Zudem wäre es unklug, denn dort kommen zum Preis der Gerichte meist noch pro Person 2000 bis 10 000 Lire für das Gedeck *(coperto)* dazu – für das immer frische Tischtuch, für Brot und Wasser (nicht Mineralwasser); einige Restaurants verlangen noch bis zu 15 Prozent für Bedienung. Alles muß an der ausgehängten Speisekarte angeschrieben sein – lesen Sie sie also genau durch, ehe Sie ein Restaurant betreten, dann werden unangenehme Überraschungen vermieden. Vor allem in den Zentren der größeren Städte bieten die meisten Lokale auch preiswerte Touristenmenüs *(menu turistico)* an, drei Gänge, meist inklusive Wein.

Typische Gerichte *(piatti tipici)* bekommt man vor allem in den kleinen Trattorien oder Osterien, wo Wirt oder Wirtin selbst kochen, Familienmitglieder in der Küche mithelfen und im Lokal bedienen. Aber es muß nicht immer ein komplettes Menü sein, auch in den kleinen Zwischenmahlzeiten, den *spuntini,* die man vor allem auf den Gütern *(fattorie)* zur Weinprobe bekommt, entfaltet sich der Zauber südlichen Lebensstils: geröstete Weißbrotscheiben mit Knoblauch eingerieben, mit duftendem Olivenöl beträufelt, dazu ein Glas würzigen, roten *Sagrantino,* oder die Brotscheiben geröstet und mit Trüffelpastete bestrichen, dazu den kühlen *secco* aus Orvieto – im Sommer wie im Winter jeder Pizza vom Blech vorzuziehen!

Essen ist in Italien ein Vergnügen, es ist Genuß, bedeutet Lebensfreude und frohe Stunden mit Freunden. Essen im Sommer draußen unter einer schattigen Pergola, im Winter vor knisterndem Herdfeuer, über dem sich Köstlichkeiten am Spieß drehen – eine wahre Sinnenfreude, Genuß für Gaumen und Augen gleichermaßen. Umbrien war über Jahrhunderte ein armes Land, und die umbrische Küche wird gern als Armeleuteküche bezeichnet. Es ist eine Küche, in der vornehmlich die einheimischen Zutaten der jeweiligen Saison frisch verarbeitet werden – und sie liegt somit plötzlich im Trend.

Suppengerichte aus Dinkel *(farro)* und den kleinen, aromatischen Linsen *(lenticchie)* aus Castelluccio oder ein Potpourri aus dem Gemüsegarten *(zuppa di verdura)* sind typisch für die umbrische Küche. Artischocken im Winterhalbjahr, Steinpilze und Trüffeln das ganze Jahr: Die »arme« Küche Umbriens schwelgt in diesem Luxus; nur noch in der Gegend um Alba in Piemont wird diese Delikatesse so häufig gefunden und so verschwenderisch verwendet. Als Beilage zur Pasta, als Füllung von Kaninchen- und Lammbraten *(coniglio* oder *agnello al tartufo)* oder Forellen *(trota),* in winzigen Stückchen im Käse *(formaggio al tartufo)* oder – ganz edel – in hauchdünnen Scheibchen über Rührei gehobelt – *al tartufo* kann beinahe jedes Gericht der umbrischen Küche serviert werden. Eine arme Küche? Aber was für eine Küche!

Neben der Trüffel nimmt das Schwein eine Sonderstellung in der umbrischen Küche ein. Die kastanien- und eichelgefütterten Tiere werden von den Schlachtern Norcias mit besonderer Kenntnis und Sorgfalt zu zartem, duftendem Schinken und zu Würsten verarbeitet, die in ganz Italien begehrt sind. *Norcino* bedeutet darum seit Jahrhunderten nicht nur Einwohner von Norcia, sondern ist eine in ganz Mittelitalien gebräuchliche Bezeichnung für Schlachter; eine *norcineria* bürgt auch noch in Rom für Schweinernes erster Qualität. Am Trasimenischen See und auch in Orvieto, wo man auf den Fischreichtum des Lago di Bolsena im nahen Latium zurückgreifen kann, wird die umbrische Küche durch köstliche Fischgerichte ergänzt. Kräuter, die jeden Küchengarten in Umbrien schmücken – Thymian, Rosmarin, Majoran, Oregano, Basilikum –, stimmen die Gerichte aufs feinste ab, ein Löffel des würzigen, dickflüssigen Olivenöls tut das übrige.

Süßspeisen werden in Umbrien über alles geliebt. Die weltbe-

In den Wäldern Umbriens werden Pilzsammler schnell fündig

kannten Silberkugeln der »Baci Perugina« können ein Essen genauso abrunden wie typisches Kleingebäck: *fave dei morti,* mit Zuckerguß überzogene »Totenkuchen« aus einer Schokoladen-Nuß-Mischung, *pinocchiate,* kleine Pinienkekse, *pan nociato,* ein Früchtebrot mit Schafskäse, das besonders in der Gegend um Todi gebacken wird, oder eine andere umbrische Spezialität, *serpentone delle monache,* ein schlangenförmiger Kuchen aus Nüssen, Mandeln, Pflaumen und Feigen; im Winterhalbjahr wird oft *tartufo al marone* angeboten, ein bittersüßer Kuchen aus Kastanienmehl.

Trinken

Man trinkt zum Essen im allgemeinen Wasser und Wein. Bier ist meist teurer als Wein – zumindest teurer als der gute offene Hauswein *(vino di casa* oder *vino aperto).* Umbrische Weine haben an der gesamten italienischen Weinproduktion nur einen ganz bescheidenen Anteil von einem Prozent, und bis vor noch nicht allzu langer Zeit war die Qualität des in Umbrien angebauten Weines eher mittelmäßig. In den letzten Jahren hat sich das grundlegend geändert. Noch immer sind die Weißweine aus Orvieto führend, aber auch der *Bianco San Marco,* der *Grechetto dei Colli Martani,* der *Trebbiano dell'Umbria* und der *Vernaccia di Cannara* sind größtenteils hervorragende Weißweine geworden. Bei den Roten gehört der *Rosso* aus Torgiano zu den hervorragenden Weinen, aber auch der *Merlot di Spello,* der *Rosso di Montefalco* und der *Rosso di Bettona* haben ihren Platz unter Italiens Weinen erobert.

Handwerk mit alter Tradition

Feine Stickereien und bunte Fayencen, nicht zu vergessen Trüffeln und Olivenöl

Umbrien ist vor allem ein Einkaufsland für Keramik, Fayencen oder Majolika, aber auch für Kunstschmiedearbeiten, alle Arten von Holzarbeiten, gehämmertes Kupfergeschirr und Antiquitäten. Die Herstellung von Spitzen, feinen Stickereien und Nadelarbeiten hat in Umbrien ebenso Tradition wie die Tuch- und Leinenweberei. Feinschmekker lassen sich kulinarische Köstlichkeiten für zu Hause einpacken.

Kulinarisches

Zu den kulinarischen Reiseerinnerungen aus Umbrien gehören die typischen Produkte dieser bäuerlichen Region, allen voran das würzige, grüne, dickflüssige Olivenöl *Olio Extra Vergine di Oliva.* Auch Wein ist ein beliebtes Mitbringsel. Unter den Weißweinen rangiert der Orvieto Classico an erster Stelle, gefolgt von den Weißen aus Torgiano, von den Hügeln des Tibertals (Colli Altotiberini) und den Hügeln des Trasimenischen Sees (Colli del Trasimeno), wo

In der Enoteca Provinciale in Perugia gibt es Wein und Olivenöl

auch ein schöner Rosé gekeltert wird, der sich vorzüglich zu Vorspeisen und Fisch eignet. Berühmte Rotweine sind vor allem der Sagrantino und der Rosso aus Torgiano und Montefalco, kräftige Weine, die in keiner Weise hinter den besten Chianti-Lagen zurückstehen. In den Weinhandlungen (*enoteca*) der genannten Gegenden und auf den Gütern stellt man Ihnen gern eine Auswahl zusammen; die Flaschen werden auch versandfertig verpackt, und der Transport wird übernommen, wenn der Platz im Auto knapp ist.

Ganz leicht trägt man an Trüffeln; der Preis der duftenden Knollen wird dementsprechend pro Gramm berechnet! Die besonders wertvolle weiße Trüffel (*tuber magnatum*) wird bei Gubbio gefunden; man hobelt sie frisch in hauchdünne Scheibchen über die Gerichte; aufbewahrt wird die frische Knolle zwischen Reiskörnern. Berühmt ist Umbrien aber vor allem für seinen Reichtum an schwarzen Trüffeln (*tuber melanosporum),* wobei zwischen Wintertrüffeln und Sommertrüffeln unterschieden wird. Die schwarzen Trüffeln verlieren

Originelle Holzfiguren bewachen ein Gartentor in Orvieto

beim Kochen nicht ihr Aroma und werden darum auch für Füllungen verwendet. Die zwischen Dezember und März geerntete Wintertrüffel ist die geschmacksintensivere, sie kommt besonders in der Gegend um Norcia vor. Trüffeln gibt es zu allen Jahreszeiten in Öl eingelegt oder als Paste zu kaufen.

Überall in den *pizziccherie,* den Delikatessengeschäften, hängen köstliche Schinken und allerlei Sorten von Schweinswürsten, das Einkaufsparadies hierfür ist Norcia. Auch besonders würzigen Schafskäse *(pecorino)* bringen die Schäfer aus Castelluccio ins Tal; jung, mit weicher, heller Rinde *(fresco),* ist er mild, der ältere *(stagionato)* hat eine härtere, dunklere Rinde und schmeckt würziger. Bitten Sie, daß man Ihnen ein Probierstückchen, *un assaggio,* reicht – man tut es gern! Klein und besonders schmackhaft sind die Linsen *(lenticchie)* aus Castelluccio. Wie Dinkel *(farro)* werden sie – oft zusammen mit anderen Hülsenfrüchten – für die traditionellen, typisch umbrischen Suppen verwendet. Hübsch abgepackt, sind die Mischungen mit Rezepten in den Läden zu finden.

Kunsthandwerk

Die Hauptorte der Keramikproduktion sind heute Deruta und Gualdo Tadino. Geschirr aus Keramik wird zwar nicht mehr ausschließlich in Handarbeit hergestellt, aber es gibt noch immer genügend Werkstätten, wo mit der Töpferscheibe gearbeitet wird und, vor allem, wo die berühmten bunten Muster – zum Teil nach jahrhundertealten Vorlagen – von Hand aufgemalt werden. Man sollte beim Kauf immer auf die Bezeichnung *dipinto a mano* achten: Bei Teilen, die handbemalt (und darum natürlich teurer) sind, wird beim Brennen mit größerer Sorgfalt vorgegangen, was letztendlich die Haltbarkeit erhöht. Berühmt sind die glasierten Keramiken aus Orvieto, Todi und Città di Castello; in Gubbio werden die *buccheri* hergestellt, schwarzgrundige Keramik nach etruskischen Mustern.

Ebenfalls Gubbio, aber auch Assisi, Norcia, Spoleto, Amelia und Città della Pieve sind Hochburgen der Kunstschmiede, ihre Arbeiten sind einladend vor den Werkstätten aufgebaut. Kupfergetriebene Vasen, Schalen und Krüge dagegen sind typisch für Magione am Trasimenischen See, während in Orvieto kunstvolle Goldschmiedearbeiten eine lange Tradition haben.

In Orvieto werden auch feine Häkelarbeiten ausgeführt; in Assisi findet man die typischen Kreuzsticharbeiten *punto d'Assisi,* mit denen Tischdecken, aber auch Kleider und Blusen verziert sind; Klöppelspitzen und »Irische Spitzen« werden seit hundert Jahren von den Frauen am Trasimenischen See, hauptsächlich auf der Isola Maggiore, angefertigt. Selbst der Vatikan bezieht Tischwäsche und Gebrauchsleinen aus den Werkstätten der Laboratori Tele Umbra in Città di Castello, ebenso bekannt ist edles Leinen aus Perugia mit eingewebten geometrischen Mustern, Greifen und anderem Fabeltier. Tüllspitzen stellen mit unendlicher Geduld die Frauen von Panicale, einem Ort wenige Kilometer südlich des Trasimenischen Sees, her.

Città di Castello und vor allem Todi sind Fundgruben für Sammler von Antiquitäten und beherbergen auch viele Werkstätten, in denen Antiquitäten sachgemäß restauriert werden, während in Orvieto das Angebot an modernen Holzarbeiten sehr reichhaltig

ist. Alle diese Handwerke haben in Umbrien eine jahrhundertealte Tradition, sie haben sich im Laufe der Zeit wenig von ihrem Ursprungsort entfernt und sind der Stolz der Bewohner der einzelnen Gegenden geblieben.

Märkte

Auf den Märkten werden außer Obst und Gemüse und anderen ländlichen Produkten auch Kleidung, Schuhe, Handwerkszeug, Töpfe und Tonwaren feilgeboten. Meist zieht der Duft der gebratenen, gefüllten Spanferkel *(porchetta)* über die verführerisch geschichteten Waren. Zum Mitnehmen eignen sich besonders die kunstvoll geflochtenen Zöpfe aus Knoblauch, Zwiebeln und scharfen, roten Peperoni, aber auch der Tagesproviant läßt sich herrlich unter der schwatzenden, gestikulierenden Menge decken.

Märkte (im allgemeinen nur vormittags) finden am *Dienstag* in Deruta, Foligno, Gubbio und Perugia statt, *mittwochs* in Nocera Umbra, Spello und Umbertide, am *Donnerstag* in Orvieto und Perugia, am *Freitag* in Spoleto und am *Samstag* in Assisi, Orvieto, Perugia und Todi.

Mode

Noch immer gilt italienisches Design – und nicht nur in der Mode – als das beste, eleganteste, raffinierteste der westlichen Welt, und noch immer sind, mit einem guten Auge und etwas Glück, preiswerte Artikel zu erstehen; vor allem die im Sommer und Anfang des Jahres regelmäßig stattfindenden *saldi,* die Schlußverkäufe der Schuh- und Modewarenbranche, können sich oft als Goldgrube erweisen.

Prozessionen, Ritterspektakel und viel Musik

Umbrien feiert temperamentvoll, farbenprächtig und mit Sinn für Geschichte

GESETZLICHE FEIERTAGE

1. Januar Neujahr *(Capodanno)*
6. Januar Heilige Drei Könige *(Epifania)*
Ostern *(Pasqua)*
Ostermontag *(Pasquetta)*
25. April Tag der Befreiung *(Liberazione)*
1. Mai
Pfingsten *(Pentecoste)*
15. August Mariä Himmelfahrt (Ferragosto)
1. November Allerheiligen *(Tutti Santi)*
8. Dezember Mariä Empfängnis *(Immacolata Concezione)*
25. Dezember Weihnachten *(Natale)*
26. Dezember 2. Weihnachtstag *(S. Stefano)*

Keine Feiertage sind Karfreitag, Christi Himmelfahrt, Pfingstmontag, Fronleichnam, Bußtag und Heiligabend. Die Namenstage der Ortsheiligen sind *semifestivi* – Geschäfte und Ämter bleiben nachmittags geschlossen.

Corsa dei Ceri in Gubbio

BESONDERE VERANSTALTUNGEN

Wie überall in Italien hat auch in Umbrien jeder Ort »sein« Fest, sei es nun von nur örtlicher oder internationaler Bedeutung.

März–April

Karfreitag: Die überall in Italien stattfindende *Processione del Cristo Morto* wird in Gubbio seit dem 14. Jh. besonders feierlich begangen; schöne Prozessionen auch in Assisi und Bevagna.

Mai

Der *Calendimaggio* in Assisi ist ein Wettstreit zwischen Ober- und Unterstadt, bei dem in historischen Kostümen Volkstänze, Fackelzüge, Armbrustschießen sowie Konzert- und Theateraufführungen stattfinden.

Pfingstsonntag feiert Orvieto das Fest der *Palombella.* Eine weiße Taube, Symbol des Heiligen Geistes, »fliegt« von der Kirche S. Francesco auf ein großes vor dem Dom aufgestelltes Tabernakel. Fronleichnam wird das Reliquiar mit dem Corporale in feierlicher

Prozession durch Orvieto getra-
gen. 300 Würdenträger in historischen Kostümen begleiten den
Zug des Allerheiligsten.

Am 2. Sonntag feiert Narni
das Volksfest *Corsa dall'Anello* mit
Reiterspiel und historischen Kostümen.

15. Mai ★ ✪ ⚎ *Corsa dei Ceri* in
Gubbio. Die »Verrückten« von
Gubbio veranstalten mit ihren
Heiligen S. Ubaldo, S. Giorgio
und S. Antonio dem Abt seit Men-
schengedenken alljährlich ein
Rennen: die *Corsa dei Ceri*, eines
der berühmtesten folkloristisch-
religiösen Feste Italiens, vergleichbar nur mit dem Palio in
Siena. Morgens werden die Eugubini durch Trommelwirbel und
Trompetenstöße geweckt. Um-
züge in historischen Kostümen,
Messen und Festessen folgen –
und um 12 Uhr die aufregende
alzata, das Aufrichten der drei
Holzfiguren, deren jede mehrere
hundert Kilogramm wiegt und
6–7 m hoch ist. Am Abend –
Punkt 18 Uhr – beginnt unter
dem Taumel der ganzen Bevölkerung das eigentliche Rennen, die

corsa. Die Heiligenfiguren sind auf
den Spitzen von drei Holzzylin-
dern befestigt, und diese *ceri* (Kerzen) werden von jeweils zehn
Männern bei fliegendem Wechsel in rasendem Galopp durch die
fackelbeleuchteten Gassen und
schließlich die 300 m bergauf zur
Basilika S. Ubaldo geschleppt.

★ ✪ Fronleichnam: Bei der *In-
fiorata* von Spello wird die Hauptstraße in ihrer ganzen Länge mit
Abertausenden von Blütenblät-
tern in einen biblischen Bilder-
teppich für die Prozession ver-
wandelt.

Juni–Juli

⚎ *Rockin' Umbria,* Festival junger
Rockgruppen in Spoleto, zweite
Junihälfte.

Mercato delle Gaite, mittelalterlicher Handwerksmarkt, Mitte Juli
in Bevagna.

★ Das *Festival dei Due Mondi* in
Spoleto ist das größte Kulturfesti-
val Italiens mit über 150 Einzel-
veranstaltungen: Theater, Konzert, Gesang, Film, Ballett, dazu begleitende Ausstellungen
und Kongresse. Letzte Juniwo-

che bis Ende der 2. Woche im Juli. Detailliertes Programm beim IAT; Karten müssen spätestens am Jahresanfang bestellt werden – Zimmer auch!

★ ✪ ⚲ Die internationale Welt des Jazz trifft sich jedes Jahr für zwei Wochen Mitte Juli beim *Umbria Jazz* zwischen Perugia und Assisi, Todi und Orvieto, von Gubbio bis ins toskanische Cortona. Hotel- und Kartenbestellungen müssen frühzeitig erfolgen bei *Umbria Jazz, P. O. Box 228, I-06100 Perugia, Tel. 07 55 73 24 32, Fax 07 55 72 76 14* – oder beim IAT.

August

Internationale Keramikausstellung, Gualdo Tadino.

September

Sagra Musicale Umbra in Perugia – geistliche Musik internationaler Chöre und Orchester im suggestiven Rahmen alter Kirchen und Klöster.

✪ *Mostra Nazionale del Cavallo,* am zweiten Wochenende in Città di Castello – die größte italienische Pferdeausstellung ist nicht nur für Pferdeliebhaber ein Muß.

Giostra della Quintana am zweiten und dritten Sonntag in Foligno – Reiterwettkämpfe, in denen zehn Vertreter der jeweiligen Stadtviertel *(rioni)* sich im Lanzenstechen messen.

✪ *Fiera dell'agricultura ecologica* am letzten Wochenende in Umbertide, eine Ausstellung von und für die »grüne«, biologische Landwirtschaft, die in Umbrien immer mehr Anhänger gewinnt.

Oktober

Festa dell'Uva in Montefalco, am ersten Wochenende.

✪ Beim *Mercato del Tartufo Bianco* am letzten Wochenende wird Gubbio zum Mekka der Gourmets: Alles dreht sich um die edlen weißen Trüffeln, die an Ständen auf der Piazza 40 Martiri zum Verkauf angeboten werden.

Beim Calendimaggio in Assisi werden die Fahnen kunstvoll geschwungen

Gubbio und das Tibertal

Uralte Stadtkultur in waghalsiger Höhe und moderne Kunst in der Ebene

Auf der Landkarte ist zu sehen, wie das nördliche Umbrien zwischen die benachbarten Provinzen, die Toskana und die Marken, »eingeschoben« ist. Richtung Süden bleiben die Ausläufer des Appenin zurück, das Tal des Tiber weitet sich; zersiedelt ist hier die Landschaft, und kaum zu glauben, daß dieser Fluß im Altertum eine wichtige Verkehrsader war. Weite Felder mit Sonnenblumen und Tabakpflanzungen liegen am Weg, schöne

Hoch türmt sich der Palazzo dei Consoli, Zeichen städtischer Macht, über den Dächern von Gubbio

Nebenstraßen mit unerwarteten Ausblicken führen zu manch kunsthistorischem Kleinod.

CITTÀ DI CASTELLO

(109/D–E 2–3) Von Norden erreicht man als erste Stadt auf umbrischem Gebiet Città di Castello (15 000 Ew.). Die Altstadt wird von einem Mauergürtel gänzlich umschlossen, Kirchtürme und Palazzi ragen darüber, Industrieanlagen und Tabakfelder dehnen sich außerhalb der Stadtmauern aus, sanft steigen die Hügel ringsum an. Obwohl weniger spektakulär als andere Städte Umbriens, hat Città di Castello

---

Hotel- und Restaurantpreise

Die Preise sind, je nach Saison und Ort, sehr unterschiedlich.

Hotels
Kategorie 1: ab 200 000 Lit
Kategorie 2: ab 100 000 Lit
Kategorie 3: unter 100 000 Lit

Die Preise gelten für zwei Personen im Doppelzimmer. Frühstück wird meist extra berechnet (10 000–25 000 Lire).

Restaurants
Kategorie 1: über 60 000 Lit
Kategorie 2: über 40 000 Lit
Kategorie 3: unter 40 000 Lit

Die Preise gelten für eine Mahlzeit, wie sie für das angegebene Restaurant typisch ist. Getränke nicht eingerechnet.

dem Reisenden doch einiges zu bieten. Östlich des Tiber gelegen, ist der Ort vermutlich umbrischen Ursprungs; er teilte das Schicksal aller Ansiedlungen dieser Region: Vertreibung der Ureinwohner durch die Römer. Im Mittelalter wurde die Stadt in die Kämpfe zwischen Päpstlichen und Kaiserlichen verwickelt und ab dem 16. Jh. von einer großen Familie beherrscht, den Vitelli. Sie ließen mehrere Paläste errichten, deren Bau und Ausstattung jedoch meist Künstlern aus der nahe gelegenen Toskana übertragen wurde.

BESICHTIGUNGEN

Dom

Das imposante Gotteshaus wurde vermutlich über den Resten eines römischen Tempels errichtet. Nur noch der runde, freistehende Glockenturm ist aus der ersten Bauperiode im 11. Jh. erhalten, die Kirche selbst wurde mehrfach umgebaut. Im Innern die »Verklärung Christi«, ein Hauptwerk von Rosso Fiorentino. Unter dem gesamten Bau liegt eine stimmungsvolle Unterkirche. Im Domschatz ein besonders kunstvoller Altarvorsatz aus getriebenem Silber (um 1144). *Museo del Duomo, Di–So 1. April–30. Sept.* *10–13, 15–17.30 Uhr, 1. Okt. bis 31. März 10.30–13, 15–18 Uhr*

Palazzo Comunale

Als Architekt dieses 1334–52 erbauten einstigen Rathauses der Stadt gilt Angelo da Orvieto, der Erbauer des Palazzo dei Consoli in Gubbio. Von der gegenüberliegenden Torre Civica hat man einen schönen Rundblick. *Di–So 10–12.30, 15.30–18.30 Uhr, Piazza Gabriotti*

Palazzo Vitelli alla Cannoniera

Palast der Vitelli mit bemerkenswerten Graffiti auf der Gartenseite. Sie sollen nach Entwürfen von Giorgio Vasari entstanden sein. Der Palast selbst, in dem heute die *Pinakothek* mit bedeutenden Werken von Luca Signorelli, den Della Robbia und einer beidseitig von Raffael bemalten Standarte untergebracht ist, stammt von Antonio da Sangallo (1521–32). *Pinacoteca Comunale, Di–So 1. April–31. Okt. 10–13, 14.30–18.30 Uhr, 1. Nov.–31. März 10–12.30, 15–17.30 Uhr, Via della Cannoniera*

S. Francesco

In der einschiffigen Kirche der Franziskaner aus dem 13. Jh. müssen Sie sich mit einer Kopie des berühmten Gemäldes »Vermählung Mariens« von Raffael begnügen, das Original ist im Brera-Museum in Mailand. *Piazza Raffaele Sanzio*

Centro delle Tradizioni Popolari

Museum bäuerlicher und handwerklicher Tradition mit altem Gerät und Mobiliar. *Di–So 8.30 bis 12.30, 15–19 Uhr (Sommer), im Winter nachm. 14–18 Uhr, im Vorort Garavelle*

Collezione Burri

★ Der 1995 verstorbene Alberto Burri, einer der interessantesten zeitgenössischen Künstler Italiens, hat seine Objekte und Gemälde im Palazzo Albizzini untergebracht *(Via Albizzini 1)*. Zehn Gehminuten vom Zentrum entfernt sind in einer großen leuchtend-schwarzen ehemaligen Tabaktrockenhalle gut hundert weitere Gemälde und Skulpturen Burris zu sehen *(Ex-Seccatoi Tabaco, Via Pierucci). Beide Di–Sa 9–12.30, 14.30 bis 18, So 9–13 Uhr und auf tel. Anfrage, Tel. u. Fax 07 58 55 46 49*

Laboratorio Tela Umbra

Hier können Besucher die Arbeit an alten Webstühlen beobachten und Leinen erwerben, für dessen Herstellung Città di Castello seit Jahrhunderten berühmt ist. *Mo bis Sa 9–11.30, 16–17.30 Uhr, Piazza A. Costa / Ecke Via S. Antonio*

Il Bersaglio

Wird als eines der fünf besten Trüffelrestaurants Italiens ge-

Der Künstler Alberto Burri hat in Città di Castello sein eigenes Museum

rühmt. *Via Orlando 14, Di und 1. Jan. und 1. Julihälfte geschl., Tel. 07 58 55 55 34, Kategorie 1–2*

Le Mura
Aussicht über die alte Stadtmauer in einem sympathischen modernen Hotel *(35 Zi.)*, im Ristorante Raffaello gute lokale Küche. *Via Borgo Farinaro, Tel. 07 58 52 10 70, Fax 07 58 52 13 50, Kategorie 2*

AUSKUNFT

IAT dell'Alta Valle del Tevere
Via S. Antonio 1, 06012 Città di Castello, Tel. 07 58 55 49 22, Fax 07 58 55 21 00

ZIEL IN DER UMGEBUNG

Umbertide   (109 / E 4)
Südlich im schon breiteren Tibertal wird das uralte, im Zweiten Weltkrieg allerdings stark zerstörte Städtchen (15 000 Ew.) von einer mächtigen Burganlage aus dem 14. Jh. beherrscht, in der heute Ausstellungen stattfinden und ein *Museum* zeitgenössischer Kunst *(Di–So 10.30–12.30, 16.30 bis 19.30 Uhr, im Winterhalbjahr nachm. 16–19 Uhr)* untergebracht ist. In der Kirche S. Croce eine schöne »Kreuzabnahme« von Luca Signorelli (1516). Zur Stärkung am Weg sei die *Trattoria Appennino (Via L. Grilli 23, Mo und Mitte Aug. geschl., Kategorie 3)* mit Garten und Blick auf den Fluß empfohlen.

GUBBIO

(110 / C 4) An der südlichen Flanke des 827 m hohen Monte Ingino liegen wie hingewürfelt Kirchen, Paläste, Häuser, Gassen und Treppen aus dem gelblichen Kalkstein des Berges. Kirchtürme und der mächtige Palazzo dei Consoli, flankiert vom Palazzo Pretorio, erheben sich über dem Dächermeer, und auf der Kuppe des Monte Ingino leuchtet weiß die Basilika des Stadtpatrons S. Ubaldo. Im Tal liegen neue Siedlungen und Industrieanlagen dicht beim guterhaltenen römischen Amphitheater.

Iguvium war eines der wichtigsten Zentren der Umbrer, vielleicht sogar ihre Hauptstadt. Im 3. Jh. v. Chr. verbündete sich die Stadt mit Rom. Durch ihre Lage am »byzantinischen Korridor«, der Rom mit Ravenna verband, wurde Gubbio mehrfach von Byzantinern und Langobarden umkämpft. Im Mittelalter – nach fehlgeschlagenen Versuchen der Selbstverwaltung – übernahmen große Familien die Macht, bis Gubbio, wie die meisten Städte Umbriens, 1621 an den Kirchenstaat fiel. Der beinahe unveränderte mittelalterliche Charakter der Stadt (30 000 Ew.) macht heute ihre kunstgeschichtliche Bedeutung und ihren Charme aus.

BESICHTIGUNGEN

Gubbios Kirchen sind im allgemeinen alle von 8 bis 12 Uhr und von 15 Uhr bis Sonnenuntergang geöffnet.

Dom
An höchster Stelle innerhalb des Stadtrings gegenüber dem Palazzo Ducale errichtet, erwies sich der ursprüngliche Bau von 1180 bald als zu klein und wurde 1240–43 durch die heutige Kirche ersetzt. Teile der schönen Fassade stammen vermutlich von der alten Kirche. Im Dom-Mu-

seum befinden sich einige schöne Werke des 16. Jhs. Das Museum wird neu geordnet und war bei Redaktionsschluß noch nicht zugänglich.

Palazzo dei Consoli

❀ Die Piazza, von der man einen herrlichen Blick auf die Altstadt und weit ins Land hat, wird links vom unvollendet gebliebenen Palazzo Pretorio (jetzt Rathaus), zum Berg hin vom klassizistischen Palazzo Ranghiasci und rechts vom eleganten Palazzo dei Consoli eingerahmt.
★ Dieses wohl schönste und kühnste Ensemble mittelalterlicher Profan-Baukunst sollte nach Plänen von 1321 dort errichtet werden, wo die Stadtviertel zusammentrafen; daß dies nur möglich war, wenn man zum Teil zweistöckige Unterbauten errichtete, konnte die verrückten Eugubini (so nennen sich die Einwohner von Gubbio) nicht von ihrem Vorhaben abbringen; nach nur vierjähriger Bauzeit war das grandiose Werk 1336 vollendet. Von der darunterliegenden Via Baldassini bis zur Spitze seines Campanile erreicht der Palazzo dei Consoli eine Höhe von 92 m – für damalige Zeiten schier unvorstellbar!

Über eine anmutige Freitreppe und durch das schöne Hauptportal von Angelo da Orvieto gelangt man direkt in den *Salone*, eine große Halle, die sich über das ganze Geschoß erstreckt. Hier sind Waffen und Zeugnisse aus Gubbios Vergangenheit ausgestellt. In einem kleinen Raum sind Münzen und der größte Schatz Gubbios, die Eugubinischen Tafeln, untergebracht. Über eine schwindelerregend steile

Treppe an der linken Schmalseite erreicht man die *Pinakothek* mit zahlreichen Gemälden und kann von der Loggia einen Blick in das umbrische Tal werfen. *Museo Civico und Pinacoteca Comunale, tgl. April–Sept. 10–13, 15–18 Uhr, Okt. bis März nachm. 14–17 Uhr; geschl. 14., 15. Mai, 25. Dez., Piazza Grande*

Palazzo Ducale

Im ältesten, auf der Bergseite gelegenen Teil residierten die Langobarden-Herzöge. Im 12. Jh. wurde der Palast in Talrichtung auf imposanten Unterbauten erweitert, nach dem Bau des Palazzo dei Consoli aber vom Rat der Stadt verlassen, bis Federico von Montefeltro, der damalige Regent, den Palast zu seiner Residenz erkor und 1472 bis 74 umbaute. Besonders schön der Innenhof mit seinen drei Loggien. In den aufwendig restaurierten Innenräumen des Palastes ist ein kleines *Museum* eingerichtet *(Mo bis Sa 9–13.30, 14.30–19, So 9 bis 13 Uhr; geschl. 1. Jan., 1. Mai, 25. Dez. u. jeden 1. Mo im Monat).* Zurück zur Stadt kann man die charakteristische Via della Cattedrale nehmen. *Via Federico da Montefeltro*

S. Agostino

Augustiner begannen mit dem Bau von Kirche und Kloster 1249 und ließen die mittlere Chorkapelle von Gubbios bedeutendstem Maler, Ottaviano Nelli, und seinen Schülern mit einem farbenprächtigen Freskenzyklus aus dem Leben des hl. Augustinus ausmalen. *Piazza S. Agostino*

S. Domenico

Im Inneren Fresken umbrischer Meister des 15. und 16. Jhs. *Piazza S. Domenico*

S. Francesco

Grund und Boden zum Bau dieses Kirchenkomplexes soll Franz von Assisi 1214 von der reichen Familie Spadalonga erhalten haben. Vor allem ist der großartige Freskenzyklus mit Bildern aus dem Leben Mariens sehenswert, den Ottaviano Nelli 1408–13 gemalt hat. Der Kirche angeschlossen sind Klostergebäude mit zwei schönen Höfen und ein außergewöhnlicher, oktagonaler Glockenturm. *Piazza S. Francesco*

S. Maria Nuova

Die kleine profanierte Kirche aus dem 14. Jh. birgt eines der zartesten Werke Ottaviano Nellis und der umbrischen Gotik überhaupt: die 1403 gemalte »Madonna im Belvedere«. Schlüssel bei der Kustodin. *Via Dante 66*

Sant'Ubaldo

Die Besichtigung der Basilika mit den Gebeinen des Stadtheiligen lohnt nicht so sehr wegen ihrer Ausstattung als wegen der herrlichen Aussicht, die man von ihrem Vorhof 300 m über der Stadt genießt. Wer nicht an den Festtagen der »Corsa dei Ceri« kommen kann, kann hier die großen »Kerzen« bewundern. Ein steiler, aber schöner Fußweg, die Via S. Ubaldo, führt vom Dom etwa 2 km hinauf; Bequemere nehmen die Seilbahn zum Monte Ingino *(Mo–Sa 10–13.15, 14.30–17.30, So 9.30–17.30, im Sommer tgl. 9–19.30 Uhr)* oder fahren die Straße Richtung Scheggia.

RESTAURANTS

Gubbio hat den Ruf, eine besonders gute Küche zu haben.

Picchio Verde

Im »Grünspecht« kann man ein Touristenmenü schon für 18 000 Lit in angenehmen Räumen einnehmen. *Via Savelli 65, Di geschl., Kategorie 3*

Porta Tessenaca

In den ehemaligen Pferdeställen der Herzogs ißt man vorzüglich – donnerstags und freitags auch frischen Fisch. *Via Baldassini 26 B, Mi geschl., Kategorie 2*

Taverna del Lupo

★ Eines der besten und gepflegtesten Restaurants in Umbrien. Im historischen Zentrum, sehr angenehmes Ambiente, zuvorkommender Service, besonders gepflegter Weinkeller und eine vorzügliche Küche – bei durchaus angemessenen Preisen. *Via Ansidei 21, Tel. 07 59 27 43 68, Mo geschl., Kategorie 1–2*

Die Marco Polo Bitte

Marco Polo war der erste Weltreisende. Er reiste in friedlicher Absicht, verband Ost und West. Er wollte die Welt entdecken, fremde Kulturen kennenlernen, nicht zerstören. Könnte er heute für uns Reisende nicht Vorbild sein? Aufgeschlossen und friedlich sollte unsere Haltung auf Reisen sein. Dazu gehören auch Respekt vor Mensch und Tier und die Bewahrung der Umwelt.

Antiquitäten in der Via Baldassini, Mode am zentralen Corso Garibaldi, Keramik in der *Bottega Leo Grilli (Via dei Consoli 78)*; kulinarische Spezialitäten besonders einladend bei *Bartolini (Via Mastro Giorgio)* und *Delizie dell'Umbria (Via dei Consoli 41 und 49)*.

Bosone Palace

Ruhig in einem schönen alten Palazzo wenige Schritte von der Piazza della Signoria gelegen, mit Gartenrestaurant *(außer Juni–Sept. Mi geschl., Kategorie 1). 30 Zi., Via XX Settembre 22, Tel. 07 59 22 06 88, Fax 07 59 22 05 52, 15. Jan.–15. Feb. geschl., Kategorie 2*

Dei Consoli

Zentral, mit gutem Restaurant. *10 Zi., Jan. geschl., Via dei Consoli 59, Tel. 07 59 27 33 35, Kategorie 3*

Gattapone

In einer ruhigen Gasse mit kleinem Garten. *13 Zi., Via Ansidei 6, Tel. 07 59 27 24 99, Fax 07 59 27 12 69, Kategorie 2*

Istituto Maestre Pie Filippini

Sechs Einzel- bis Vierbettzimmer haben die Ordensschwestern liebevoll ausgestattet und mit Badewannen und Duschen versehen. Während die Eltern die Stadt besichtigen, können die Kleinen bei den Schwestern im Kindergarten bleiben. *Corso Garibaldi 100, Tel. 07 59 27 37 68, Kategorie 3*

Parkhotel Ai Cappuccini

In einem ehemaligen Kapuzinerkloster, sehr gepflegte und großzügige Unterkunft mit Blick auf Stadt und Landschaft. *95 Zi., Via Tifernate, Tel. 075 927 34 41, Fax 07 59 22 03 23, Kategorie 1*

Die Berglandschaft um den 1566 Meter hohen Monte Cucco (**111/D 3–4**), unter dem ein teils zugängliches Höhlensystem verläuft, bietet sich für *Wanderungen, Skiwanderungen* und *Langlauf* an. In der Schlucht des Rio Freddo auf dem Monte Cucco werden *Wildwasserfahrten* durchgeführt. Genauere Informationen erteilen die Sektionen des Club Alpino Italiano (CAI): *Città de Castello, Via Gramsci, Tel. 07 58 55 37 50; Gubbio, Via Saffi, Tel. 07 59 27 36 18. Informationen auch beim IAT.* Westlich von Gubbio können *Angler* im Assino ihr Glück versuchen. Angelscheine beim IAT.

Caffè Ducale

Überraschend weltstädtisches Angebot an Drinks und Snacks, die man in den angenehmen Räumen des Palazzo Ranghiasci oder an kleinen Tischen auf der Piazza genießen kann; am Abend untermalt ein Pianospieler die Stimmung. *Piazza della Signoria 5, Tel. 07 59 22 11 60, Kategorie 2*

Charlie Max

Die Disko Gubbios – nur samstags ab 23 Uhr, aber dann geht die Post ab! *An der Straße nach Scheggia, Via Contessa*

IAT di Gubbio

Piazza Oderisi 6, 06024 Gubbio, Tel. 07 59 22 06 93, Fax 07 59 27 34 09

Mit der Rolltreppe ins Mittelalter

Im Kranz hochragender Städte – Perugia, das fromme Assisi und der blaue Trasimenische See

Südlich von Perugia bis Spoleto breitet sich die fruchtbare Ebene in Umbriens Mitte aus, das Valle Umbra – 50 km lang und bis zu 10 km breit, »das Tal des Paradieses«, wie es Johann Caspar Goethe um 1740 beschrieb. Das Tal wird in seiner ganzen Länge westlich vom Tiber, im Osten vom Topino durchflossen. Am Rand liegen, wie an einer Kette aufgereiht, die malerischen Bergstädte.

ASSISI

(114/A 1) Assisi (24 500 Ew.) ist vor allem der Geburtsort des hl. Franziskus – und es ist die liebreizendste aller umbrischen Städte geblieben: im Grünen, auf einem Vorläufer des Monte Subasio hingestreckt, gekrönt von der mächtigen Festung, die Basilika S. Francesco mit ihren Unterbauten wie ein Flaggschiff vorgelagert. Der spitze Campanile von S. Chiara und der romanische Glockenturm der Kathedrale S. Rufino überragen die Häuser aus dem rosafarbenen

Die kleine Porziuncola-Kapelle in S. Maria degli Angeli in Assisi

Sandstein des Berges – und überall verstreut im Grün ihrer Gärten liegen die weit über fünfzig Klöster der verschiedenen Orden. Assisi ist nach Rom das bedeutendste religiöse Zentrum Italiens und eines der größten der ganzen Christenheit. Entsprechend groß ist auch der Strom der Pilger und Touristen, der sich vor allem während der Sommermonate durch die engen Gassen und in die Kirchen ergießt. Im Winter können Besucher die Stadt und ihre Kunstschätze in Ruhe genießen. Beim letzten Erdbeben, das auch die Gegend von Assisi erschütterte, wurden an einigen Kirchen und Monumenten in der Stadt größere Schäden angerichtet. Laut Auskunft der Denkmalspfleger sollen – mit Ausnahme der Oberkirche von S. Francesco, wo die Restaurierung der Fresken längere Zeit in Anspruch nehmen wird – alle Arbeiten bis zum Jahr 2000 abgeschlossen sein. Drei bewachte, große Parkplätze (gut ausgeschildert) gibt es unmittelbar außerhalb der Stadtmauern und auf der Piazza Matteotti im Ostteil der Stadt. Es herrscht Ringverkehr, man sollte darum unbedingt am

Kiosk »Informazione« an der Piazza Unità d'Italia anhalten und sich den Weg zum Hotel anhand eines dort erhältlichen Stadtplanes genau erklären lassen.

Eremo delle Carceri
Von der Porta Cappuccini etwa 4 km aufwärts durch Olivenhaine und Wäldchen gelangen Sie zu der Einsiedelei, die Franziskus oft zu spiritueller Einkehr aufsuchte. An jenem Ort bauten Brüder später Kloster und Zellen. *Tgl. 6.30–19.30 (Winter bis 17) Uhr*

Piazza del Comune
◉ In römischer Zeit lag hier das Forum, Reste können im *Museo Foro Romano* besichtigt werden *(Eingang Via Portico 2, tgl. 10–13, 15–19 Uhr im Sommer, 10–13, 14–17 Uhr im Winter; 25. Dez. u. 1. Jan. geschl.)*. Der Portikus des Minervatempels, der Goethe auf seiner Italienreise begeisterte, ist heute die Fassade der Kirche S. Maria sopra Minerva. Links daneben der aus dem 13. Jh. stammende Palazzo del Capitano del Popolo, der Palast des Stadthauptmannes, mit seinem mächtigen Turm. Gegenüber der Palazzo dei Priori (14. Jh.), heute Sitz der Stadtverwaltung, der *Pinakothek (vorübergehend geschlossen)* und des Fremdenverkehrsamtes IAT.

Rocca Maggiore
◣ Die hoch gelegene, mächtige Festungsanlage wurde um 1100 für den deutschen Kaiser erbaut (der Staufer Friedrich II. verbrachte hier seine ersten Jugendjahre) und fiel 1367 an den Kirchenstaat. Heute sind in den gut erhaltenen Gewölben Marterwerkzeuge vergangener Jahrhunderte ausgestellt *(Museo della Tortura e dei Martiri, tgl. 10 Uhr bis Sonnenuntergang, vorübergehend geschlossen)*. Von der Piazza del Comune führt ein schöner Weg zur Rocca – die Aussicht ist einmalig.

S. Chiara
Die Ordenskirche der Klarissinnen, Grabeskirche der hl. Klara und nach S. Francesco der mächtigste Kirchenkomplex der Stadt, wurde im italienisch-gotischen Stil 1257–65 erbaut. Im Innern kostbare Fresken des 14. und 15. Jhs. und Tafelbilder. In der *Cappella del Crocifisso* das große gemalte Kruzifix (12. Jh.), das einst in S. Damiano hing, und von dem Franziskus zur Erneuerung der Kirche aufgefordert wurde. *Piazza S. Chiara*

S. Damiano
In dieser kleinen Kirche unterhalb der Stadt hörte Franz die Stimme vom Kreuz, hier dichtete er seinen »Sonnengesang«, hier gründete die hl. Klara mit ihren Gefährtinnen das erste Kloster, und hier starb die Heilige 1253. Der kleine Betraum, einige Zellen und der Klostergarten können besichtigt werden. *Tgl. 10–12, 14–18 Uhr*

S. Francesco
★ Der ganze monumentale, auf mächtigen Subkonstruktionen aufgebaute und weithin sichtbare Komplex besteht aus zwei übereinandergebauten Kirchen und einer großen Klosteranlage; hier leben noch etwa 50 Mönche. Man erreicht die Basilika meist über die der Unterkirche vorgelagerte Piazza Inferiore, die von

MARCO POLO TIPS FÜR DIE MITTE

1 Perugia
Die bedeutendsten umbrischen Maler in der Galleria Nazionale dell'Umbria (Seite 55)

2 Torgiano
Sich in einem Spitzenhotel verwöhnen lassen und im Museo del Vino alles über Wein erfahren (Seite 43)

3 Assisi
Künstlerischer Lobgesang für den großen Ordens-gründer (Seite 38)

4 Montefalco
Leuchtende Fresken und weite Ausblicke (Seite 46)

5 Bevagna
Die Zeit blieb hier im Mittelalter stehen (Seite 45)

einem Säulengang umgeben ist. Eine Doppeltreppe führt zum Vorplatz der Oberkirche mit einer besonders prächtigen Fensterrose in der Hauptfassade. Die Grundsteinlegung der Kirche erfolgte bereits zwei Jahre nach dem Tod Franziskus' und einen Tag nach seiner Heiligsprechung am 12. Juli 1228. Die Gebeine des Heiligen wurden 1230 hierher überführt, aber erst 1818 wiederentdeckt, tief eingemauert unter dem Hochaltar der Unterkirche. Treppen vom Langhaus führen zur Krypta.

Zur Unterkirche, der eigentlichen Grabeskirche, gelangt man durch ein wunderschönes romanisches Doppelportal, an dem eine Inschrift dem frommen Pilger »an diesem Tag und für immer den vollkommenen Ablaß« verspricht. Das Innere der Kirche (13.–15. Jh.), einschiffig mit ursprünglich einem Querschiff und Apsis, wurde von den bedeutendsten Künstlern jener Zeit gänzlich mit Fresken ausgemalt. Zu den ältesten Darstellungen zählen die links an der Wand des Langhauses vom sogenannten Franziskusmeister um 1260 dargestellten Begebenheiten aus dem Leben des hl. Franziskus; sie sind der Leidensgeschichte Christi auf der rechten Längswand gegenübergestellt. Wem die Zeit fehlt, alle Malereien in Ruhe zu betrachten, der sollte auf jeden Fall die Fresken der 1322–26 von Simone Martini ausgemalten Martinskapelle an der Südseite des Langhauses und die Magdalenenkapelle schräg gegenüber beachten: Sie wurde von Schülern Giottos mit Szenen aus dem Leben der hl. Magdalena ausgemalt. (Münzen für die Lichtautomaten und Fernglas nicht vergessen!)

Von den beiden Querschiffen führen Treppen aus dem mystischen Dunkel der Unterkirche hinauf zur größeren, lichteren Oberkirche. Im gleichen kreuzförmigen Grundriß wie die romanische Unterkirche erhebt sich die Oberkirche mit ihren hochaufstrebenden gotischen Gewölbebögen. Auch sie ist ganz mit Fresken ausgemalt. Zu den ältesten gehören die Arbeiten im Querschiff und in der Apsis – sie werden Cimabue (um 1280), einem gotischen und einem römischen Meister (um 1267) zugeschrieben. Der untere Teil des Langhauses ist mit Szenen aus dem Leben des hl. Franziskus freskiert. Der damals erst 30jährige Giotto di Bondone (ca. 1267–1337), der erste bedeutende Vorläufer der Renaissancemalerei, hat, getreu der Lehre des Heiligen, nicht nur die dargestellten Menschen, sondern auch alle Kreatur mit nie vorher dagewesener Tiefe und Lebendigkeit wiedergegeben. Der Zyklus beginnt rechts vorne mit der »Huldigung auf der Piazza« und zieht sich über die gesamte Länge der Innenwände nach links vorne, wo er mit der »Befreiung des Petrus« endet. Nach einem wohldurchdachten Schema sind in den Fensterzonen links Szenen aus dem Alten Testament, rechts Szenen aus dem Neuen Testament wiedergegeben; sie stehen in einem sinngemäßen Bezug zu den Darstellungen der Franziskuslegende. Diese Bilder sind vor Giottos berühmtem Franziskuszyklus entstanden, etwa um 1290, werden aber bis heute keinem Meister mit Bestimmtheit zugeschrieben. *April–Okt. von Sonnenauf- bis -untergang, sonst 6.30–12, 14 Uhr bis Sonnenuntergang. Keine Besichtigung am Morgen von Sonn- und Feiertagen (die Oberkirche, die Krypta und der Reliquiensaal waren bei Redaktionsschluß bis auf weiteres nicht zugänglich), Piazza San Francesco*

S. Maria degli Angeli und Porziuncola-Kapelle

Der mächtige Bau wurde im 16. Jh. im Auftrag Papst Pius' IV. errichtet, um die Pilgerscharen aufzunehmen, die besonders an Ablaßtagen hierher strömten. Der riesige Vorplatz und der eigens für die Pilger an der linken Außenseite der Kirche errichtete Brunnen mit 26 Wasserstellen lassen ahnen, wie groß der Andrang gewesen sein muß. Grund hierfür sind die kleine Porziuncola-Kapelle und die Cappella del Transito im Innern der Basilika: Hier war die Keimzelle des Franziskaner-Ordens. Die Porziuncola, das kleine Kirchlein auf freiem Feld, wurde von Franziskus nach Anweisung der Stimme vom Kreuz mit eigenen Händen wieder aufgebaut. Hier versammelte er seine ersten Anhänger um sich, hier wurde die hl. Klara in den Orden aufgenommen, hier geschah das »Rosenwunder«, und in einer der Zellen (Cappella del Transito), die bald um das Kirchlein erbaut wurden, starb der Heilige 1226. Die mächtige Basilika wurde um diese ersten Bauten errichtet. Unter den Kunstwerken sind besonders die Fresken im Innern der Porziuncola (»Verkündigung« von Ilario da Viterbo, 1393) und Terrakotta-Arbeiten von Andrea della Robbia in der Sterbezelle und in der Krypta sehenswert. Der Basilika angeschlossen ist ein Kloster. *Unübersehbar bei der Anfahrt von der Schnellstraße im Tal gelegen*

S. Rufino

Die Bischofskirche der Stadt stammt aus dem 12. und 13. Jh. und ist dem Ortsheiligen Rufino geweiht. Besonders schön sind die romanische Fassade mit ihren Fensterrosen und Tierdarstellungen und der romanische Campanile (Anfang 12. Jh.). Im Innern, das im 16. Jh. grundlegend restauriert wurde, das Taufbecken, in dem Friedrich der Staufer, der hl. Franz und die hl. Klara getauft wurden. *Tgl. 8–18 Uhr, Piazza S. Rufino*

RESTAURANTS

Il Duomo

Schmackhafte Gerichte und Holzofen-Pizza bis 1 Uhr nachts. *Via Porta Perlici 11, Mi geschl., Tel. 075 81 63 26, Kategorie 3*

S. Francesco

Elegante Räume mit Blick auf die gegenüberliegende Basilika, sehr gepflegte Küche mit Bar und Tea-Room. Vorbestellen! *Via S. Francesco 52, Tel. 075 81 23 29, Mi u. 1.–15. Juli geschl., Kategorie 1*

La Stalla

Urig, mit offenem Kamin und landestypischer Küche. *Via Eremo delle Carceri 8, Mo geschl., Tel. 075 81 23 17, Kategorie 3*

EINKAUFEN

In der berühmten Assisi-Technik bestickte Blusen und Tischwäsche bei *Carli (Corso Mazzini 37)*, Keramik und Kräuterliköre, Grappa, Trüffeln und andere Köstlichkeiten bei *La Loggia (Via S. Francesco 22)* und *G. I. F. I. Assisi Natura (Via Piaggia S. Pietro 5)*.

ÜBERNACHTUNG

Minerva

Angenehmes Hotel in günstiger Lage, Zimmer mit Aussicht, freundlicher Service, gutes Restaurant. *28 Zi., Piazzetta R. Bonghi, Tel. 075 81 24 16, Fax 075 81 37 70, Nov.–Feb. geschl., Kategorie 3*

Ostello della Pace

Die herrlich im Grünen am Fuß des Hügels, nahe S. Damiano gelegene Jugendherberge ist ganzjährig geöffnet. *Via Valecchi, Tel./Fax 075 81 67 67*

La Rocca

Ideal für Jugendliche und Paare mit Kindern. Helle Speise- und Aufenthaltsräume, große Terrasse, gute lokale Küche. *15 Zi., Parkplatz, Via Porta Perlici 27, Tel./ Fax 075 81 22 84, Kategorie 3*

Le Silve di Armenzano

Agriturismo in den Bergen über Assisi mit Swimmingpool und vorzüglicher Küche. *06081 Armenzano, Tel. 07 58 01 90 00, Fax 07 58 71 90 05, Kategorie 1*

Umbra

Mitten im Zentrum ein kleines Paradies – mit dem entsprechenden Garten. Die Küche – ein Gedicht. *(Restaurant So, Mi mittags und 15. Nov.–15. Dez. geschl.). 27 Zi., Vicolo degli Archi 6, Tel. 075 81 22 40, Fax 075 81 36 53, Mitte Jan.–Mitte März geschl., Kategorie 2*

Windsor-Savoia

Traditionsreiches Haus bei der Basilika S. Francesco. Speisesaal und Zimmer mit herrlicher Aussicht, gutes Restaurant. *34 Zi., Viale Marconi 1, Tel. 075 81 22 10, Fax 075 81 36 59, Jan. geschl., Kategorie 2*

Wer ganz in die Atmosphäre Assisis eintauchen will, kann sich in einem der ruhig in Gärten gelegenen Klöster einmieten; sie sind besonders preiswert.

Monastero delle Benedittine di S. Giuseppe

Via S. Apollinare 1, Tel. u. Fax 075 81 23 32, geöffnet April–Okt.

Monastero delle Clarisse di S. Quirico

Via Giovanni di Bonino, Tel. 075 81 26 88, geöffnet Ostern–Okt.

AUSKUNFT

IAT di Assisi

Piazza del Comune, 06081 Assisi, Tel. 075 81 25 34, Fax 075 81 37 27

ZIELE IN DER UMGEBUNG

Bettona **(113/F2)**

Durch Felder, Wälder und Olivenhaine schraubt sich die Straße zu dem von einer mittelalterlichen Mauer umgebenen Ort (3000 Ew.) empor; man hat von hier einen wunderschönen Rundblick. Sehenswert sind die Kathedrale S. Maria Maggiore aus dem 13. Jh. (im 17. Jh. umgebaut) und vor allem der Palazzetto Podestarile (14. Jh.) mit einer bedeutenden *Gemäldesammlung* sowie etruskischen und römischen Funden *(Mai–Aug. Di–So 10.30–13, 15–17 Uhr)*. Ideal für erholsame Ferien mit ausgedehnten Spaziergängen in den Wäldern liegt das Hotel *Cinque Cerri* mit herrlichem Blick und einem gut geführten Restaurant. 7 Zi., Loc. Mandruge, Tel./Fax 07 59 86 91 73, Kategorie 3. 600 ha Wald und Grasland mit drei Seen umgeben die *Fattoria Torre Burchio*. Der Reiterhof mit ausgebauten Bauernhäusern bietet genügend Platz für Menschen und Pferde! *Tel. 07 59 88 50 17, Fax 075 98 71 50*

Deruta **(113/E2)**

Der Name Deruta steht für Keramik, und deren Herstellung bestimmt seit Jahrhunderten das Leben der kleinen Stadt (7500 Ew.) über dem Tibertal. Seit Ende des 13. Jhs. werden hier Gegenstände aus Keramik geformt, bemalt, gebrannt und

Einige der besten Weine Umbriens lagern in den Kellern von Torgiano

glasiert. Einen guten Eindruck von der Kunstfertigkeit vermittelt ein Besuch des Museo della Ceramica (im obersten Stockwerk des mittelalterlichen Palazzo dei Consoli, Di–So 10–13, 15–18 Uhr). In der Kirche S. Francesco aus dem 14. Jh. sind Fresken und Keramiken zu bewundern, auch in der etwa 3 km Richtung Todi (Hinweisschilder beachten!) gelegenen Wallfahrtskirche Madonna dei Bagni, in der zahlreiche Votivtafeln aus Majolika angebracht sind (Auskunft Tel. 075 97 34 55). In den Geschäften der Altstadt und unterhalb des Ortskerns kann man die zum Teil mit dekorativen alten Motiven bemalten Keramiken erstehen. Wer hier übernachten möchte, tut dies am besten im modernen Hotel Melody am Südende von Deruta (47 Zi., Tel. 07 59 71 10 22, Fax 07 59 71 10 18, Kategorie 2–3).

Torgiano (113/E 2)

★ Torgiano ist mittlerweile untrennbar mit dem Namen Lungarotti verbunden, der sowohl für die besten Weine Umbriens steht wie für eines der schönsten und gepflegtesten Hotels: das Le Tre Vaselle (49 Zi., Tel. 07 59 88 04 47, Fax 07 59 88 02 14, Kategorie 1) mit seinem weit über die Grenzen Umbriens bekannten Restaurant Le Melagrane. (Kategorie 1). Vorbestellen! Nur wenige Schritte vom Hotel, an der kleinen Piazza S. Maria, fertigt noch immer Arturo Paci wunderschöne Keramik zu sehr erschwinglichen Preisen.

Das vorbildlich eingerichtete Weinmuseum informiert über die Geschichte des Weinbaus. Angeschlossen ist eine Osteria mit den typischen Produkten der Gegend. Museo del Vino, tgl. 9–13, 15–19 Uhr im Sommer, 9–13, 15 bis 18 Uhr im Winter

FOLIGNO

(114/B 2–3) Foligno (50 000 Ew.) ist die drittgrößte Stadt in Umbrien und ein Industriezentrum. In der breiten umbrischen Ebene gelegen, war die Stadt von alters her ein wichtiges Handelszentrum. Die römische Kolonie Fulginium, Knotenpunkt mehrerer Straßen, gewann im Mittelalter an Bedeutung. Die Blütezeit der Stadt lag im 14. und 15. Jh. Kirchen, Kommunalbauten und Paläste entstanden, bedeutende Künstler hielten sich in der Stadt auf; hier wurde 1472 Dantes »Göttliche Komödie« gedruckt, das erste Werk in italienischer Sprache. Die fruchtbare Umgebung und das blühende Handwerk sicherten Foligno auch unter der Herrschaft der Päpste einen gewissen Wohlstand. Immer wieder haben Erdbeben die Stadt erschüttert, zuletzt im Herbst 1997. Die damals entstandenen Schäden werden noch lange im Stadtbild sichtbar sein. Trotzdem lohnt es, einen Blick in die Innenstadt zu werfen – sie hat ihren eigenen Charme.

BESICHTIGUNGEN

Oratorio della Nunziatella
Der Renaissancebau enthält zwei schöne Fresken von Perugino. Di–Sa 10–12.30 Uhr, Via Garibaldi

Palazzo Trinci
Der Palazzo Trinci (14. Jh.) zeigt mit seiner 1841–47 hinzugefügten klassizistischen Fassade zur Piazza della Repubblica. Es handelt sich um einen der größten

Familienpaläste in Italien. Ugolino Trinci ließ ihn 1389–1407 auf den Fundamenten eines Vorbaus errichten. Durch einen formvollendet gegliederten gotischen Innenhof mit schöner Freitreppe gelangt man in die Räume des Palastes, die mit herrlichen Freskenzyklen ausgemalt und zum Teil noch mit dem ursprünglichen Mobiliar ausgestattet sind. Die Hauskapelle wurde 1492 von Ottaviano Nelli mit Szenen aus dem Leben der Jungfrau Maria ausgemalt. *Der Palast wurde schwer beschädigt und ist bis auf weiteres nicht zugänglich.*

Piazza della Repubblica

✪ Zusammen mit der anschließenden Piazza Matteotti und der Piazza Pulignani das lebhafte Zentrum der Stadt. Hier liegt das Süßwaren- und Delikatessengeschäft F.lli Casciola mit seiner Originaleinrichtung aus dem 19. Jh., dessen Besuch ein lukullisches Muß ist! Dem Dom gegenüber liegen (von rechts nach links) der Palazzo Podestà (15. Jh.), der elegante Renaissancepalast der Orfini und der Palazzo Comunale, dessen ursprünglicher Bau aus dem 13. Jh. stammt, der jedoch im 16. und 17. Jh. stark verändert wurde *(vorläufig geschlossen)*. Die Via Gramsci führt an prächtigen alten Familienpalästen entlang zur Piazza S. Domenico. Die gleichnamige Kirche mit schönem gotischen Portal ist vernagelt und dem Verfall preisgegeben.

S. Feliciano

Der auf den Resten einer Vorgängerkirche aus dem 12. Jh. erbaute Dom wurde Anfang dieses Jhs. unglücklich restauriert. Unverändert blieb die zur Piazza della Repubblica gelegene romanische Fassade mit ihren drei Fensterrosen und einem besonders schönen Portal. Im Innern überrascht der Altarbaldachin, eine verkleinerte Kopie von Berninis Baldachin von S. Peter in Rom. Noch eine Kopie in der Sakramentskapelle: Raffaels bezaubernde »Madonna von Foligno« – das Original auch hier im Vatikan. An den Dom angebaut ist der Palazzo delle Canoniche aus dem 14. Jh.

S. Maria Infraportas

Mit kleinem romanischem Portikus und einem mächtigen Campanile die älteste Kirche der Stadt. Das Innere ist mit schlecht erhaltenen Fresken von Nelli, Ugolino di Gisberto, Nicolò di Liberatore und Mezzastris ausgemalt. Die Auferstehungskapelle links vom Eingang, aus dem 7. oder 8. Jh., wurde an der Stelle errichtet, an der einst die Apostel Paulus und Petrus gepredigt haben sollen. *Piazza S. Domenico*

Villa Roncalli

Villa aus dem 17. Jh. mit schattigem Garten. Die ausgezeichnete Küche hat einen Stern im Michelin! *Mo und 2. Augusthälfte geschl., 10 Zi., etwa 1 km südlich des Zentrums, Via Roma 25, Tel. 07 42 39 10 91, Fax 07 42 39 10 01, Kategorie 2*

Enoteca Il Bacco Felice

Außer einem vorzüglichen Weinsortiment bietet der »Glückliche Bacchus« auch ein ausgezeichnetes Menü (vorbestellen!). *Via Garibaldi 73, Tel. 07 42 34 10 19*

Maglital Cashmere

Kaschmirstrickwaren direkt ab Fabrik. *Mo–Sa 9–13, 15.30 bis 19.30 Uhr, So nur nachm., am km 145 der SS 75 Flaminia zwischen Foligno und Trevi*

AUSKUNFT

IAT del Folignate-Nocera Umbra

Porta Romana 126, 06034 Foligno, Tel. 07 42 35 44 59, Fax 07 42 34 05 45

ZIELE IN DER UMGEBUNG

Abbazia di Sassovivo   (114/B 3)

Etwa 6 km östlich von Foligno liegt einsam in waldreicher Berglandschaft die um das Jahr 1000 gegründete Benediktinerabtei. Die verlassenen Klostergebäude vermitteln einen Eindruck ihrer einstigen Bedeutung. Ein stiller Kreuzgang wird von 128 feingegliederten, spiralenförmigen Marmorsäulen in Doppelformation umgeben; sie wurden 1229 in einer römischen Werkstatt von Pietro di Maria gearbeitet.

Bevagna   (114/A 3)

★ Eine außergewöhnliche Stadt, in der das Mittelalter noch gegenwärtiger ist als in jedem anderen Ort dieser Größe (4600 Ew.) in Umbrien; selbst die Spuren des einstigen Römer-Stützpunktes Mevania an der alten Via Flaminia sind in vielfältiger Weise sichtbar und in das tägliche Leben einbezogen. Der Ort wird von einer mittelalterlichen Stadtmauer – meist auf römischen Fundamenten – ganz umgeben, sechs Stadttore geben Einlaß. Der Corso, mit den wesentlichen historischen Bauten, beginnt im Norden an der Porta Foligno

(einst Porta Flaminia) und durchläuft den Ort bis zur Porta Agostino im Süden. Gleich am Anfang die Reste des römischen Theaters aus dem 2. Jh., dessen tonnengewölbte Wandelgänge man von mehreren Stellen aus durchlaufen kann; Reste eines antiken Tempels sind in die Kirche Madonna della Neve einbezogen. Wie die meisten römischen Gebäude wurde auch eine Thermenanlage (2. Jh. v. Chr.) von Wohnhäusern überbaut; erst vor wenigen Jahren wurde ein ganz ungewöhnlich gut erhaltenes, großes Mosaik mit Meerestieren freigelegt (*Via Porta Guelfa 4, Schlüssel bei Signor della Spina nebenan – Trinkgeld nicht vergessen!).* Die höchste Stelle des Ortes wurde vermutlich von einem Tempel gekrönt – heute erhebt sich dort die Kirche S. Francesco (13./14. Jh.), renoviert im 18. Jh., mit einer sehr schönen Majolikakuppel im Innern.

Einer Theaterkulisse gleicht die mittelalterliche Piazza S. Silvestro, eine der schönsten Platzanlagen Mittelitaliens. Dominierend ist der gotische Palazzo dei Consoli mit seiner strengen Fassade aus geschliffenen Travertinblöcken und der mächtigen Freitreppe. In den Palast wurde 1886 das Teatro Francesco Torti eingebaut. Rechts vom Palast und mit diesem verbunden die Kirche S. Silvestro, eines der Schmuckstücke umbrischer Romanik (1195). Gegenüber die Pfarrkirche S. Michele Arcangelo – zur selben Zeit und vom selben Maestro Binello erbaut. Besonders schön die Fassade mit ihrem prächtigen Mittelportal.

Den Rahmen der strenggegliederten Piazza schließt die einschiffige Kirche SS. Domenico e Giacomo (14. Jh.) links neben dem Palazzo dei Consoli. Der Innenraum wurde 1737 barockisiert, in der mittleren Chorkapelle und im Kapitelsaal des anschließenden Klosters sind einige schöne Fresken aus dem 14. Jh. erhalten; auch der 1629–32 erbaute Kreuzgang ist mit Fresken ausgemalt.

☙ In Richtung Gualdo Cattaneo führt eine Straße etwa 7 km durch pilzreiche Eichen- und Kastanienwälder 520 m hinauf zur ==Wallfahrtskirche Madonna della Valle – eine sehr schöne Fahrt== mit herrlichen Ausblicken und ein idealer Platz für Spaziergänge oder ein Picknick.

Man schläft unter schönen Fresken im *Palazzo Brunamonti* am Corso *(16 Zi., Corso Matteotti 79, Tel. 07 42 36 19 32, Fax 07 42 36 19 48, Kategorie 2).* Zur Einkehr empfiehlt sich die urgemütliche *Enoteca Piazza Onofri (Mo geschl., 18.30 bis 1.30 Uhr),* die auch nette Miniappartments für 4–6 Pers. vermietet *(Piazza Onofri 2, Tel. 07 42 36 19 26, Kategorie 3).*

Gualdo Tadino (111/E 5)

Der am Hügel aufsteigende Ort (6000 Ew.) wird von der imposanten Rocca Flea, einer durch Kaiser Friedrich II. erbauten Festung, gekrönt. In den Gemäuern ist die *Pinacoteca Comunale* mit bedeutenden Werken des 14. bis 16. Jhs. untergebracht *(1999 bis auf weiteres geschl.).* Der aus dem 12. Jh. stammende Dom hat eine beeindruckende Fassade mit schöner Rose, die Innenausstattung ist von geringerer Bedeutung. Heute kommen die meisten Besucher in das Städtchen, um Keramik einzukaufen. Jähr-

lich im August findet eine der bedeutendsten internationalen Keramikausstellungen statt. Gut gestärkt verläßt der Gast das zentral gelegene Albergo-Ristorante *Bottaio (Via Casimiri 17, Di u. 1. bis 15. Okt. geschl., Tel. 075 91 32 30, auch Hotel, 12 Zi., Kategorie 3).*

Montefalco (114/A–B 3)

★ Der »Balkon Umbriens«, wie der Ort (5500 Ew.) genannt wird, erhebt sich 370 m aus der Ebene. Vier Tore führen durch die Mauern ins Stadtinnere – das prächtigste ist die Porta S. Agostino mit ihrem von ghibellinischen Zinnen gekrönten Torturm. Wenige Meter hinter dem Tor links die ==Kirche S. Agostino,== ein gotischer Bau mit bedeutenden Fresken von Lorenzetti, Nelli, Alunno und anderen. An der Ecke zur Piazza rechts der Palazzo Comunale (Rathaus) aus dem 13. Jh. mit hübschem Laubengang und einem ☙ Turm, von dem man eine der schönsten Aussichten auf das Tal genießt. Die beinahe kreisrunde Piazza wird umgeben von herrschaftlichen Backsteinpalästen aus dem 15.–17. Jh. und dem hübschen kleinen Teatro S. Filippo Neri *(Schlüssel bei den Vigili Urbani im Corso Mameli erbitten!).* Sehenswert sind auch die Kirchen S. Lucia, die älteste der Stadt, S. Bartolomeo, S. Chiara und S. Illuminata, ebenfalls mit schönen Fresken.

Der Hauptanziehungspunkt Montefalcos jedoch ist das *Museo Civico di S. Francesco.* Seit 1859 beherbergt die einschiffige Hallenkirche die Kunstsammlung der Stadt. Die Hauptchorkapelle wurde von Benozzo Gozzoli 1450–52 mit Fresken über das Leben des hl. Franziskus ausge-

Pinturicchio hat die schöne Anbetung der Hirten von Spello gemalt

malt, die besonders durch die liebenswerten Details der Landschaften anrühren. Auch die sechs Seitenkapellen sind von Meistern des 15. Jhs. mit Fresken ausgemalt, die Kapelle des hl. Hieronymus (erste rechts) ebenfalls von Benozzo Gozzoli. Eine erstaunliche Zahl abgenommener Fresken und Gemälde von Perugino bis Mezzastris vervollständigt die Sammlung. In der Krypta römische Funde, im oberen Stockwerk (Fahrstuhl) Gemälde aus späteren Perioden. *Vorm. immer 10.30–13 Uhr. Nachm. 1. Nov.–28 Feb. 14.30–17 Uhr, 1. März –31. Mai u. 1. Sept.–31. Okt. 14–18 Uhr, 1. Juni–31. Juli 15 bis 19 Uhr, im Aug. bis 19.30 Uhr, Mo geschl., Via Ringhiera Umbra*

Außer für seinen erstaunlichen Kunstreichtum ist Montefalco für seinen Wein und für den in der Umgebung gewonnenen Honig bekannt. Die ✱ »Mostra del Miele«, die Honigmesse, findet alljährlich am 3. Wochenende im September statt. Die ✱ »Festa dell'Uva«, ein wichtiges Weinfest, während dessen die DOC- und DOCG-Prädikate verliehen und von verschiedenen Restaurants typisch umbrische Menüs zu Schnupperpreisen angeboten werden, wird um das erste Wochenende im Oktober gefeiert. Typische Produkte finden Sie unter den Arkaden der Piazza in der *Enoteca Federico II,* besonders schönes Leinen bei *Tessuto Artistico Montefalco* nebenan. Hier befindet sich auch die *Galleria Comunale d'Arte Contemporanea* mit einer schönen Auswahl zeitgenössischer Kunst *(Di bis Fr 10.30–13, 15.30–17.30 Uhr, Sa u. So 10.30–13, 15–18 Uhr).* Für den Weinkauf im größeren Stil ist die Cantina Rocca di Fabbri zu empfehlen, die auch ins Ausland verschickt *(06036 Fabbri di Montefalco [PG], Tel. 07 42 39 93 79).* Im Albergo-Ristorante *Ringhiera Umbra* lassen die Betten etwas zu wünschen übrig, man ißt jedoch (eigene Schlachterei) vorzüglich *(11 Zi., Corso Mameli, Tel. u. Fax*

07 42 37 91 66, Kategorie 3). Schöner wohnt man in der *Villa Pambufetti* in einem großen Park mit Swimmingpool gleich außerhalb der Stadtmauern. *15 Zi., Via della Vittoria 20, Tel. 07 42 37 85 03, Fax 07 42 37 92 45, Kategorie 1.*

Unerläßlich ist ein Spaziergang entlang der Mauern; der 🌼 Ausblick auf das weite Tal und die Berge rundum im Kranz bleibt lange in Erinnerung.

Nocera Umbra (114 / B–C 1)

Einst eine wichtige römische Siedlung. Im historischen Zentrum der Stadt (6100 Ew.) der Dom, von dessen romanischem Urbau nur noch ein Portal erhalten ist. Der mächtige Campanile ist der Rest einer Burg aus dem 11. Jh. Durch einen langen schönen Bogengang kommt man zur Piazza Caprera mit der Kirche S. Francesco (15. Jh.), in der die Pinakothek mit einigen sehenswerten Werken untergebracht ist. *1999 bis auf weiteres geschl., tel. Anfragen 07 42 81 20 58*

Spello (114 / B 2)

Eine der besterhaltenen mittelalterlichen Hügelstädte am Rand des umbrischen Tals. Man kann in die Stadtmitte durch die Porta Venere mit ihren zwölfeckigen Türmen einfahren, eines der drei noch erhaltenen Stadttore aus augusteischer Zeit. Der Ort (7900 Ew.) besteht im wesentlichen aus

Den Hügel hinauf staffelt sich Trevi über dem grünen Tal

einem am Berg verlaufenden Straßenzug, von dem Gassen und Treppengäßchen abgehen. Am nördlichen Ende das ◁▷ Belvedere, eine Aussichtsterrasse mit schönsten Ausblicken über das Tal und auf das direkt unterhalb liegende römische Amphitheater. Geht man von hier die Straße in südlicher Richtung zurück, liegen die Hauptsehenswürdigkeiten entlang der linken Straßenseite: die Kirche S. Lorenzo (um 1120 errichtet, im 15. und 16. Jh. mehrfach umgebaut), mit einem schönen Madonnenfresko aus dem 14. Jh., einem Tabernakel aus Pietra serena und einem Fresko, den hl. Bernhardin darstellend, der 1438 hier gepredigt hat. An der Stelle des römischen Forums liegt die Piazza della Repubblica mit dem Palazzo Comunale aus dem 13. Jh. Wenige Meter weiter die Kirche S. Andrea mit einem farbenprächtigen Tafelbild »Madonna mit Heiligen« von Pinturicchio (1508) und einem mächtigen gemalten Kruzifix aus der Schule Giottos. In der kleinen Taufkapelle Fresken aus der Schule von Foligno (14. Jh.); kürzlich entdeckte Fresken aus dem 13. Jh., die übertüncht wurden, versucht man behutsam freizulegen.

Die Straße erweitert sich zur Piazza Matteotti mit der Hauptkirche S. Maria Maggiore aus dem 13. Jh. Schmuckstück der Kirche ist die linke Seitenkapelle, die Cappella Baglioni, mit ihrem schönen Fußboden aus Majolika und einem Freskenzyklus von Pinturicchio, eine der schönsten Arbeiten dieses umbrischen Malers. Sehenswert außerdem noch eine »Madonna mit Kind«, ebenfalls von Pinturicchio, und zwei Fresken Peruginos beidseits des Tabernakels. Im Palazzo dei Canonici gegenüber ist die *Pinacoteca Civica* mit Werken des 13.–16. Jhs. untergebracht. *Di–So 10–13, 16 bis 19, im Winter nachm. 15–18 Uhr*

Nach so viel Kunstbetrachtung meldet sich der Magen: Im sympathischen *Ristorante Il Molino* kann er beruhigt werden (*Piazza Matteotti 6, Tel. 07 42 65 13 05, Di geschl., Kategorie 2*).

Zum Übernachten bietet sich der Palazzo Bocci an, ein sehr gepflegtes Vier-Sterne-Hotel in einem Stadtpalast (*20 Zi., Viale Cavour 17, Tel. 07 42 30 10 21, Fax 07 42 30 14 64, Kategorie 1*).

Trevi (114 / B 3–4)

◁▷ Trevi (7500 Ew.) ist die umbrische Hügelstadt par excellence: Durch graublau blitzende Olivenhaine führt die Straße empor. Etwa 2 km vor dem Ortseingang liegt die Renaissancekirche Madonna delle Lacrime mit einem besonders schönen Marmorportal und dem großen Fresko »Anbetung der Könige«, einem Spätwerk Peruginos (1521) im Innern. Die Straßen ziehen sich ringförmig empor, man läßt den Wagen am besten auf der Piazza Garibaldi stehen.

An der langgezogenen Piazza Mazzini steht der Palazzo Comunale mit schönem Portikus (15. Jh.). Zum Dom S. Emiliano, an höchster Stelle der Stadt, gelangt man durch charakteristische Gassen mit schönen Familienpalästen. In den Gewölben des Palazzo Valenti das sehr gepflegte *Ristorante Maggiolini* (*behindertengerecht, Via S. Francesco 20, Tel. 07 42 38 15 34, Di geschl., Kategorie 2–3*). Sehenswert noch die gotische Kirche S. Francesco.

PERUGIA

☛ Stadtplan in der hinteren Umschlagklappe

(113/E 1) Perugia (150 000 Ew.) ist seit 700 Jahren Universitätsstadt, sie ist die größte und lebendigste Stadt Umbriens und seit 1970 Hauptstadt der Region. Die Häuser türmen sich weithin sichtbar wie eine Krone auf der Hügelkuppe. Ursprünglich lag die Stadt auf zwei benachbarten Hügeln, dem Colle Landone und dem Colle del Sole; die Senke zwischen beiden wurde im Lauf der Zeit aufgefüllt, auf ihr verläuft heute die Hauptstraße, der berühmte Corso Vannucci. Er ist Mittelpunkt und Flaniermeile der Provinzmetropole. Schnurgerade durchzieht er die Oberstadt vom Dom bis zur Aussichtsterrasse der Giardini Carducci. Am Corso liegen die Straßencafés und Restaurants, Hotels und eleganten Geschäfte. Der Corso Vannucci ist die einzige ebene Straße in Perugias Innenstadt. In keiner anderen Stadt in Umbrien gibt es eine solche Vielzahl und Vielfalt von Treppenkonstruktionen, Bögen, Brücken, Rampen, Durchgängen und Stützmauern. Dieses Gewirr enger Straßen und Gäßchen (alle verkehrsberuhigt), dieses stetige Hinauf und Hinab wäre ein Alptraum, wenn nicht die Perugini ihr bereits im Mittelalter unter Beweis gestelltes architektonisches Können auch heute wieder angewandt hätten: Drei Rolltreppen führen durch die Gewölbe der Rocca Paolina und durch futuristische Glasgalerien von der Ober- in die Unterstadt – und direkt zu den großen Parkanlagen. Ein Straßentunnel unterführt die beiden Hügel in ostwestlicher Richtung – bei-

spiellose Bemühungen, moderne Verkehrsprobleme zu lösen, ohne mittelalterliche Strukturen zu vernichten. Aus Perugias etruskisch-römischer Vergangenheit finden sich nur noch vereinzelte Zeugnisse im Stadtbild: vor allem die Reste der ehemals 3 km langen Zyklopenmauer und die beiden Stadttore. Im Umfeld der Stadt liegen drei bedeutende etruskische Grabanlagen, das Ipogeo dei Volumni, das Ipogeo di San Manno und das Ipogeo dello Sperandio. Im Ortsteil Monteluce kam erst 1983 durch Zufall eine noch nie berührte Grabanlage zum Vorschein, die baldmöglichst der Öffentlichkeit zugänglich gemacht werden soll.

Perugia hatte in den ersten Jahrhunderten n. Chr. wegen seiner strategisch günstigen Lage eine wichtige Stellung unter den Städten Italiens inne; es wurde in die Machtkämpfe zwischen Langobarden, Westgoten und Byzantinern verwickelt, zerstört, wieder aufgebaut – bis Karl der Große 774, nach dem entscheidenden Sieg über die Langobarden, die Stadt dem Papst schenkte. Daraufhin begannen die Machtkämpfe zwischen Guelfen, den Anhängern des Papstes, und Ghibellinen, den Kaiserlichen, die im Mittelalter in ganz Italien tobten. In Perugia fanden sie ihre Fortsetzung in den blutigen Fehden zweier herrschender Familien, der Oddi und der Baglioni, die sich zwei Jahrhunderte lang bekriegten. Trotz aller Kämpfe und Verwüstungen begann bereits Ende des 13. Jhs. eine Zeit geistiger und wirtschaftlicher Blüte der Stadt, begünstigt vor allem durch ihre strategische Lage. 1308 wird die Universität S. Sofia gegründet, Palazzi, Kirchen und die herrliche Fontana Maggiore werden errichtet. Aber nicht nur Kirche und Kommune wollten ihre Positionen durch entsprechende Bauten dokumentieren; 1390 wurden das Collegio della Mercanzia, die Versammlungshalle der Kaufleute, und von 1452–57 das Collegio del Cambio, Treffpunkt der Banker und Geldwechsler, in seltener Pracht errichtet. Die Blütezeit der Stadt kam zu einem Stillstand und die kommunale Freiheit ging endgültig verloren, als die Perugini im »Salzkrieg« gegen Papst Paul III. verloren und am 5. Juni 1540 Pier Luigi Farnese als »Waffenträger der Heiligen Römischen Kirche« in Perugia einzog. Während der nur zwischen 1798/99 und 1809–14 durch den Einmarch napoleonischer Truppen unterbrochenen Herrschaft der Kirche stagnierte vor allem das wirtschaftliche Leben Perugias wie ganz Umbriens – ein Zustand, der auch nach der Einigung Italiens, 1860, noch lange anhalten sollte.

BESICHTIGUNGEN

Arco Etrusco

Von den Etruskern in der 2. Hälfte des 3. Jhs. v. Chr. errichtet, wurde das mächtige Stadttor von den Römern (auch Arco d'Augusto genannt) noch ausgebaut. Aus der Renaissance stammen Loggia und Brunnen. *Piazza Fortebraccio*

Collegio del Cambio

Die *Sala dell'Udienza,* in der die Geldwechsler ihren Geschäften nachgingen, wird zu den schönsten profanen Räumen des 15. Jhs. gezählt. 1452–57 wurden die Räume im erweiterten Priorenpalast eingerichtet. Be-

sonders schön die Holzintarsien von Antonio da Mercatello an Wänden und Mobiliar. Das bedeutendste sind jedoch die Fresken, meist allegorischen Inhalts, mit denen Perugino zwischen 1496 und 1500 die Wände und Gewölbe ausgemalt hat. In einem gemalten Rahmen an der rechten Wand sieht man sein Selbstporträt. In der Kapelle Johannes' des Täufers Fresken von Giannicola di Paolo, einem Schüler Peruginos. *1. März–31. Okt. u. 20. Dez. bis 6. Jan. Mo-Sa 9–12.30, 14.30 bis 17.30 Uhr, 1. Nov.–19. Dez u. 7. Jan. bis 28. Feb. Di-Sa 8–14 Uhr. So immer 9–12.30 Uhr. 1. Jan., 1. Mai u. 25. Dez. geschl., Corso Vannucci 25*

Collegio della Mercanzia

Perugia verzeichnet im 14. Jh. bereits über 300 Handelshäuser; das Collegio, Versammlungsort der Kaufleute, wurde 1390 im Palazzo dei Priori eingerichtet. Wände und Decke sind, für damalige Zeiten ungewöhnlich und besonders kostbar, ganz mit Holz getäfelt. *1. März–31. Okt. u. 20. Dez. bis 6. Jan. Mo–Fr 9–13, 14.30 bis 17.30 Uhr (Sa bis 18.30 Uhr). 1. Nov. bis 19. Dez. u. 7. Jan.–28. Feb. Di, Fr 8–14 Uhr, Mi u. Sa 8–17 Uhr. So immer 9–13 Uhr. 1. Jan., 1. Mai u. 25. Dez. geschl.,Corso Vannucci 15*

Fontana Maggiore

Ursprünglich sollte nur Wasser vom etwa 5 km entfernten Monte Paciano in einen Brunnen auf dem Marktplatz geleitet werden – technisch wegen der zu überwindenden Höhenunterschiede ein schwieriges Unternehmen. Der Bauleiter, ein Benediktiner mit Namen Fra Bevignate da Cingoli, und der »Hydrauliker« Boninsegna aus

Venedig lösten es perfekt. Was der Fontana Maggiore aber den Ruf des berühmtesten aller mittelalterlichen Brunnen eingebracht hat, sind der originelle dreistöckige Aufbau und vor allem die Auswahl der Bildthemen seiner Ausschmückung mit der unübertroffenen schönen Ausarbeitung der Reliefs und Statuen in Marmor und Bronze. Sie wurden von Nicola und Giovanni Pisano, den berühmten toskanischen Bildhauern, gefertigt. Die oberste Brunnenschale aus Bronze stammt von Rosso Padellaio aus Perugia. Schier unglaublich scheint, daß der Brunnen in zwei Jahren, 1277–1278, errichtet wurde. Die Ende 1994 begonnene Restaurierung des Brunnens dagegen dauerte mit modernem Gerät nahezu fünf Jahre! *Piazza IV Novembre*

Giardini Carducci

Besonders am Abend hat man von der großen Terrasse am Südende des Corso Vannucci einen traumhaft schönen Blick bis nach Assisi und Montefalco. *Piazza Italia*

Oratorio di S. Bernardino

Berühmt ist vor allem die Fassade aus Terrakotta und mehrfarbigen Marmorreliefs, ein Meisterwerk der Renaissanceskulptur (1457 bis 1461) des Florentiners Agostino di Duccio. Im Innern ein frühchristlicher Sarkophag. Im dahinter liegenden Oratorio di Sant'Andrea eine besonders schöne Kassettendecke aus dem 16. Jh. *Piazza S. Francesco*

Palazzo del Capitano del Popolo

Der Palast des Stadthauptmanns mit einem besonders schönen

Perugias Prunkstück, die Fontana Maggiore, wurde prächtig restauriert

Portal wurde 1472–81 errichtet. Der Bau rechts mit den gotischen Spitzbögen im Untergeschoß wurde 1453–83 errichtet und von Papst Sixtus IV. zum Sitz der schon 1308 gegründeten Universität bestimmt.

♦ ☯ Wenige Schritte entfernt liegt auf derselben Seite der *Mercato coperto,* der überdachte Obst- und Gemüsemarkt, den man durch Arkaden erreicht. Von der Terrasse ergibt sich ein interessanter Blick auf die Dächer und die bis zu 20 m hohen Subkonstruktionen der Häuser. *Piazza Matteotti*

Palazzo Gallenga-Stuart

☨ Vor dem imposanten etruskischen Stadttor liegt der barocke Palast, in dem die Ausländer-Universität ihren Sitz hat. Sie wurde 1925 mit königlichem Dekret gegründet, aber bereits 1921 gab es das »Studium der italienischen Sprache und Kultur für Ausländer«. *Piazza Fortebraccio 4, Tel. u. Fax 07 55 74 62 11*

Palazzo dei Priori

Der sich vom Domplatz längs des Corso Vannucci auftürmende Palazzo ist eines der mächtigsten gotischen Rathäuser Italiens. 1290 wurde mit dem Bau begonnen, bis ins 16. Jh. wurde der Palast ständig erweitert. Die Anordnung der gotischen Drillingsfenster des Obergeschosses, das Gesims und die Zinnenbekrönung geben dem wuchtigen Bau ein geradezu elegant-leichtes Aussehen. Die dem Dom zugewandte, schmale Seite ist die Hauptfassade des Palazzo. Über eine halbrunde Freitreppe, die Scala della Vaccara, gelangt man in die Sala dei Notari. Dieser

große Raum im romanischen Baustil, um 1290 erbaut und von umbrischen Malern des 13. Jhs. mit Fresken ausgemalt, bildet den eigentlichen Kern des Palazzo *(Di–So 9–13, 15–19 Uhr).* Die übrigen Räume dieses Stockwerkes dienen der Stadtverwaltung zu Repräsentationszwecken. Im obersten Stockwerk die *Nationalgalerie.*

Pozzo Etrusco

Die eindrucksvolle Zisterne, deren Entstehung man auf das 4. bis 3. Jh. v. Chr. datiert, wurde vor einigen Jahren im Untergeschoß eines mittelalterlichen Gebäudes entdeckt. Der Brunnen aus mächtigen Travertinquadern mißt 5 m im Durchmesser und wurde bis zu einer Tiefe von 35 m erforscht. In die beeindruckende und gut dokumentierte Anlage gelangt man von der Piazza Piccinino, rechts vom Dom. *1. April–30. Sept. tgl. 10 bis 13.30, 14.30–18.30 Uhr; 1. Okt. bis 31. März Mo–Sa 10.30–13, 14.30 bis 16.30 (Sa bis 17.30) Uhr, So 10.30 bis 13.30, 14.30–17.30 Uhr. 1. Jan. u. 25. Dez. geschl., Piazza Danti 18*

Rocca Paolina

♦ In den mächtigen Gewölben finden jetzt Ausstellungen statt. Als Papst Paul III. Antonio da Sangallo d. J. 1540 mit dem Bau einer Festung für seinen Statthalter in Perugia beauftragte, geschah dies, um den aufsässigen Perugini die Macht des Kirchenstaates auch bildlich vor Augen zu führen. Die Rocca wurde tief in den Berg gebaut und zog sich über fünf Ebenen hin. Ein ganzes Stadtviertel mit dem Palast der unterworfenen Baglioni wurde teils abgerissen, teils überbaut. Schon drei Jahre nach Baubeginn war die Anlage fertiggestellt. Erst 1848 gelang es den Bewohnern Perugias, die verhaßte Rocca zu stürmen. 1860, bei der Einigung Italiens, wurde der oberirdische Teil der Festung geschleift und an seiner Stelle die Piazza Italia angelegt. *Wenn keine Ausstellungen stattfinden, tgl. 8 bis 19 Uhr*

S. Domenico

Mit dem Bau der Dominikanerkirche an der Ausfallstraße nach Rom wurde 1305 begonnen; 1616 stürzten die Pfeiler des Langhauses ein und mußten erneuert werden. Im nahezu schmucklosen Inneren bestechen die herrlichen Chorfenster, die 1411 von Fra Bartolomeo di Pietro ausgeführt wurden. Das Chorgestühl mit reicher Intarsienarbeit stammt aus dem Ende des 15. Jhs. In der ersten Kapelle rechts vom Chor das Grabmal für den 1304 in Perugia verstorbenen Papst Benedikt XI., eines der besterhaltenen gotischen Wandgräber. In der Rosenkranzkapelle vor dem rechten Querschiff eine große Altarwand aus Terrakotta und Pietra dura, ein Werk des Florentiners Agostino di Duccio (1459). Links vom Kircheneingang der große Kreuzgang mit dem *Archäologischen Museum. Mo bis Sa 9–13.30, 14.30–19 Uhr; So 9–13 Uhr. 1. Jan., 1. Mai u. 25. Dez. geschl., Piazza Giordano Bruno*

S. Ercolano

Wenige Schritte südöstlich der Piazza Italia liegt die kleine Kirche, die zwischen 1297 und 1376 für den Stadtheiligen errichtet wurde, der Perugia gegen die Goten verteidigt hatte und an dieser Stelle hingerichtet worden sein soll. Seine Überreste ruhen in dem frühchristlichen Sarkophag, der als Altar dient. *Via Marzia*

S. Francesco al Prato

Die mächtige Franziskanerkirche wurde Mitte des 13. Jhs. erbaut und war besonders reich ausgestattet. Im 16. Jh. begann der Grund nachzugeben, Pfeiler und Gewölbe stürzten ein. Trotz mehrmaliger Konsolidierungsversuche ist die Kirche nur noch ein Torso mit einer sehr schönen Fassade und kann nicht mehr betreten werden. *Piazza S. Francesco*

S. Lorenzo

Der dem hl. Laurentius geweihte Dom ist die Hauptkirche Perugias. Grundsteinlegung war 1345, vollendet wurde die Kirche erst im 15. Jh.; die Fassade blieb bis auf eine teilweise Verkleidung mit rotem und weißem Marmor an der Brunnenseite roh. Das Innere der 68 m langen Hallenkirche macht durch die mit Stuckmarmor verkleideten Säulen, die gänzlich mit Fresken ausgemalten Kreuzgewölbe (18. Jh.) und die hohen Glasfenster einen geradezu festlichen Eindruck. Links neben dem Haupteingang, hinter einem besonders kunstvollen schmiedeeisernen Gitter, die Kapelle des hl. Ringes – in einem Silberschrein wird hier der Hochzeitsring Mariens aufbewahrt. Gegenüber die Kapelle des hl. Bernhardin von Siena. Ebenfalls an der rechten Seite die Taufkapelle mit außergewöhnlich reichem Marmorprospekt von Pietro Paolo di Andrea (1477). Von der Sakristei aus betritt man den Chiostro della Canonica, den zweistöckigen Klosterhof. Hier wurden zwischen 1261 und 1305 fünf Konklaven zur Papstwahl abgehalten – heute weht vergnügt die Wäsche zum Trocknen. Von hier aus besteht auch Zugang zum *Dom-Museum (bis auf weiteres wegen Neuordnung geschl.)*. *Piazza IV Novembre*

S. Michele Arcangelo

Am nördlichen Ende des Corso Garibaldi gelegene, frühchristliche Rundkirche, Tempio di S. Angelo, eine der ältesten Kirchen Perugias. Besondere Harmonie strahlt der von 16 Säulen aus verschiedenem Material und von verschiedener Herkunft getragene Innenraum aus. Das Kirchlein liegt in einer besonders schönen Umgebung, die zu einem ⚜ Spaziergang oder einem Picknick einlädt. *Piazza S. Angelo*

S. Pietro

Die zweifellos am üppigsten ausgestattete Kirche Perugias liegt in der Unterstadt außerhalb der mittelalterlichen Porta S. Pietro an der Ausfallstraße nach Rom. Die Gründung des Benediktinerklosters erfolgte Mitte des 10. Jhs., letzte Ausgrabungen lassen jedoch vermuten, daß es auf einer weit älteren Kultstätte errichtet wurde. Römischen Ursprungs sind verschiedene Teile der Fassade. Im Kircheninnern umfängt den Betrachter ein wahres Fest der Sinne. Die frühchristliche Raumstruktur mit ihren antiken Marmorsäulen wird von einer großartigen vergoldeten Kassettendecke abgeschlossen. Das Chorgestühl gilt als eine der kostbarsten Holzschnitzarbeiten des 16. Jhs. Vier Heiligendarstellungen an der Eingangswand gehören einer früheren Epoche an: Perugino malte sie

1496. Zu betreten ist die Kirche durch einen der Höfe des Klosters, in denen die Agrarfakultät der Universität untergebracht ist (Besucher können sich in der Bar erfrischen). *Borgo XX Giugno*

S. Severo

Um zur Kapelle S. Severo zu gelangen, steigen Sie hinter dem Dom wenige Meter die Via Raffaello hinauf. Einziges, aber um so kostbareres Kunstwerk der Kapelle ist ein großes Altarbild: das einzige Werk Raffaels in Perugia. Der junge Raffael malte den oberen Teil des Freskos mit der Heiligen Dreieinigkeit um 1505. Nach dem frühen Tod seines Schülers (1520) vollendete der alte Perugino das Fresko und fügte die sechs Heiligengestalten im unteren Teil hinzu. *Öffnungszeiten wie Pozzo Etrusco (S. 53)*

Öffnungszeiten wie Pozzo Etrusco (S. 53)

MUSEEN

Galleria Nazionale dell'Umbria

★ Die größte Pinakothek Umbriens (1887 gegründet) ist in den obersten Stockwerken des Palazzo dei Priori untergebracht; um zu den Ausstellungsräumen zu gelangen, betritt man den Palazzo durch das rundbogige, besonders prächtige Portale Maggiore. Seit zehn Jahren sind Experten mit der Restaurierung der Werke und der Neuordnung der Sammlung beschäftigt. Meisterwerke von Pinturicchio, Perugino und Duccio di Buoninsegna sind zu bewundern. In neuem Glanz erstrahlen jetzt vor allem die Werke der Umbrischen Schule des 14. und 15. Jhs., die den Schwerpunkt der Sammlung bilden. Bereits restauriert sind auch die prächtigen Deckenfresken in der ehemaligen Kapelle der Prioren. Sie wurden nach 1454 von Benedetto Bonfigli gemalt und stellen Szenen aus dem Leben des hl. Ludwig von Toulouse sowie Leben und Martyrium des Stadtpatrons, des hl. Herkulanus, dar. Im Obergeschoß sind Gemälde des 17. und 18. Jhs ausgestellt. *Mo–Sa 9–19 Uhr, So 9–13, 12. April–31. Okt. 9–22 Uhr. 1. Jan., 1. Mai, 25. Dez. u. am 1. Mo im Monat geschl., Corso Vannucci 19*

Museo Archeologico Nazionale dell'Umbria

Im Kreuzgang und in den Innenräumen des Klosters S. Domenico sind etruskisch-römische und vorgeschichtliche Funde ausgestellt. *Öffnungszeiten wie S. Domenico (S. 54), Piazza Giordano Bruno*

Museo dell'Accademia di Belle Arti

Die Akademie der Schönen Künste im Kloster von S. Francesco al Prato besitzt Gemälde des 16.–19. Jhs. und eine bedeutende Gipsothek. *(Vorübergehend geschl.) Piazza S. Francesco al Prato*

RESTAURANTS/CAFÉ

Dal Mi' Cocco

Schon für 25 000 Lire bekommen Gäste hier ein gutes Menü – mit Wein! Vorbestellen! *Mo u. 25. Juli–15. Aug. geschl., Corso Garibaldi 12, Kategorie 3*

Locanda degli Artisti

✪ Der guten umbrischen Küche wird in diesem originellen Lokal hauptsächlich von Perugias Künstlern zugesprochen. *Di, 10. bis 20. Jan. u. 10.–20. Juni geschl., Via Campo Battaglia (bei S. Ercolano), Kategorie 2*

Osteria del Bartolo

Die Osteria gilt als das beste Restaurant in Perugia und hat nun auch eine Pizzeria. *So geschl., Via Bartolo 30 (nahe der Kathedrale), Kategorie 1, Pizzeria Kategorie 3*

Ristorante Giancarlo

Sehr gutes Restaurant, angenehmes Ambiente. *Fr und Mitte Aug. bis Mitte Sept. geschl., Via dei Priori 36, Tel. 07 55 72 43 14, Kategorie 1*

Sandri

✪ Für einen Snack zwischen 8 und 22 Uhr ist das traditionsreiche Café der ideale Platz. *Corso Vannucci 32, Kategorie 2*

Del Sole

Lokal mit herrlicher Aussicht – und donnerstags und freitags großem Fischangebot. *Mo u. 23. Dez. bis 10. Jan. geschl., Via Oberdan 28, Tel. 075 73 50 31, Kategorie 2*

EINKAUFEN

Die Geschäfte sind im allgemeinen von 9 bis 13 und von 16 bis 20 Uhr geöffnet, Lebensmittelgeschäfte haben am Donnerstagnachmittag, die übrigen Geschäfte am Montagvormittag geschlossen.

Big Bertha

Die wenigen km nach Ponte S. Giovanni lohnen sich: Fernando Ciai verkauft hier seine berühmten Kaschmirstrickwaren direkt ab Fabrik. *Mo–Sa 10–19.30 Uhr, Nov. u. Dez. auch So, Via dell'Industria 19 (5 Min. von der Ausfahrt Ponte S. Giovanni SS 75)*

La Bottega dei Sogni

Laden der Träume: Von der Serviette zum Schaukelstuhl, vom

Sekretär zum Eierbecher, alles, was einem Haus die persönliche Note verleiht. *Corso Cavour 11*

Enoteca Provinciale di Perugia
Große Auswahl an Weinen aus den besten Kellereien Umbriens. *Via Ulisse Rocci 18*

Il Parma
Hier bekommen Sie alle kulinarischen Produkte Umbriens. *Via dei Priori 27*

Il Pozzo delle Ceramiche
Antonietta Taticchi fertigt Keramik in alter Technik mit wunderschönem modernem Design. *Via del Morone 18*

Sandri
Man kann Perugia nicht verlassen ohne Süßes von Sandri! *Corso Vannucci 32*

ÜBERNACHTUNG

Locanda della Posta
Goethe und Friedrich III. von Preußen haben hier schon logiert – viel wurde verändert, aber der Charme dieses gepflegten Hauses ist geblieben. *40 Zi., Corso Vannucci 97, Tel. 07 55 72 89 25, Fax 07 55 73 25 62, Kategorie 1*

Ostello della Gioventù
⚑ Die Jugendherberge liegt gleich hinter der Kathedrale. *Via Bontempi 13, Tel. 07 55 72 28 80*

Priori
Ideal gelegen, freundlicher Service, angenehme Zimmer und reichhaltiges Frühstück auf schöner Terrasse. *55 Zi., Garage, Via Vermiglioli 3 (Ecke Via dei Priori), Tel. 07 55 72 33 78, Fax 07 55 72 32 13, Kategorie 3*

Signa
Nahe S. Pietro, kleines Hotel, in dem der Gast freundlich betreut wird. Frühstücksterrasse. *21 Zi., Via del Grillo 9/10 (Corso Cavour), Tel. u. Fax 07 55 72 41 80, Kategorie 3*

Villa Aureli
Zwei exquisit ausgestattete Stockwerke in einer zauberhaften Villa aus dem 16. Jh., umgeben von einem Garten »all'italiana«, werden als Gästewohnungen für jeweils 4–6 Personen vermietet. *Dott. Leonardo di Serego Alighieri, Via Cirenei 70, 06071 Castel del Piano Umbro (Perugia), Tel. 07 55 14 04 44, Fax 07 55 14 94 08, Kategorie 2*

SPIEL UND SPORT

Golf
Circulo Golf Perugia, 18-Loch-Anlage, ganzj. tgl. außer Mo, Autostrada Ausfahrt Corciano, 1 km Richtung Ellera, *Tel. 07 55 17 22 04;* in Paniscale der 9-Loch-Golfplatz des Weingutbesitzers *Lamborghini,* tgl., im Winter Di geschl., *Tel. 07 58 35 75 82;* Antagnola *Golf- und Country-Club,* 9 Löcher, ganzj. tgl. außer Di, Superstrada E 45 Ausfahrt Pierantonio, 15 km nördl. Perugia, *Tel. 07 56 05 95 63.*

AM ABEND

Caffè-Pub del Pozzo
Gemütliche, reich bestückte Pianobar beim Pozzo Etrusco. *Mo geschl., Via Volte della Pace 32*

L'Etoîle 54
⚑ Die Disko! Busse bringen die Tanzwütigen donnerstags ab Ausländer-Universität und am Samstag von der Piazza Partigiani

am unteren Ende der Rolltreppen jeweils um 23.30 Uhr zu Perugias Super-Disko im Ortsteil Madonna del Piano – und zurück. Unbelehrbare Selbstfahrer erreichen den Ort über die Strada Tiberina (3 bis) Richtung Deruta (Parkplatz für 1000 Autos).

AUSKUNFT

IAT di Perugia
Palazzo dei Priori, 06121 Perugia, Tel. 07 55 73 64 58, Fax 07 55 73 68 28

Perugia Informagiovani
🚶 *Auskunft für Jugendliche, Via Italia 1, 06121 Perugia, Tel. 07 55 72 06 46 und 07 55 72 87 24*

TRASIMENISCHER SEE

(108–109/C–D 6, 112/B–C 1) Italiens viertgrößter See (128 qkm), am Fuß von Weinbergen und Olivenhainen, umgeben von Fischerdörfern und touristisch erschlossenen Orten. Eine schöne Straße umrundet den ganzen See, wobei die Nord- und Ostufer die reizvolleren sind. Drei Inseln erheben sich aus der Wasserfläche: Isola Minore (Privatbesitz, kann nicht besucht werden), Isola Maggiore und im Süden die Isola Polvese *(von Tuoro und Passignano ganzjährig mit Fährschiffen zu erreichen; von Ostern bis zum letzten Sonntag im Dezember auch von Castiglione del Lago).* Auf der Isola Maggiore leben etwa 100 Menschen. Ein Wanderweg zieht sich um die leicht hügelige Insel. Bars, ein Restaurant und ein Hotel laden zum Verweilen ein. Die Isola Polvese mit ihrem jahrhundertealten Oliven- und Steineichenbestand, schönem Badestrand

und Gaststätte eignet sich nur für Tagesausflüge. Der hoch gelegene historische Stadtkern von Castiglione **(112/B 1)** lädt zum Promenieren ein. Gegenüber dem kleinen Bootshafen von S. Feliciano **(112/C 1)** informiert ein interessantes und besonders gut ausgestattetes Museum über Geschichte und Leben des Sees *(Museo della Pesca, Sommer Di–So 10 bis 12.30, 16.30–19 Uhr, Winter Di, Do, Sa 9.30–12.30, 15–17 Uhr).*

HOTELS – RESTAURANTS

Albergo Sauro
Auf der Isola Maggiore, Privatstrand. *12 Zi., Tel. 07 58 26 15 68, Fax 075 82 51 30, 10. Jan.–1. März geschl., Kategorie 3*

L'Aquario
Elegantes Restaurant in der Altstadt von Castiglione. *Jan.–15. Feb. u. Mi geschl. (von Nov.–März auch Di), Tel. 07 59 65 24 32, Kategorie 2*

Da Massimo
Restaurant in den Weinbergen, mit großem Panorama-Speisesaal, an der Straße S. Savino–S. Feliciano. *Mo geschl., Tel. 075 84 96 66, Kategorie 2*

Miralago
Im historischen Stadtkern von Castiglione, Hotel im alten Stil; Zimmer mit Seeblick, renommiertes Restaurant *(Do geschl.)* mit großer Terrasse. *7. Jan.–1. März geschl., 19 Zi., Tel. 075 95 11 57, Fax 075 95 19 24, Kategorie 2*

La Pigra Tinca
Typisches Sommerlokal am Strand von Castiglione, abends Tanz. *Mitte Okt.–Ostern geschl., Tel. 075 95 21 80, Kategorie 2*

Da Santino

Sympathisches Hotel in Monte del Lago, Zimmer mit Aussicht, Restaurant mit großer Terrasse. *20 Zi., Tel. 07 58 40 01 88, Fax 07 55 17 11 79, Kategorie 2*

Villa Paradiso

In Passignano, in einem Hotel mit Park und Pool, ist man ruhig untergebracht. *107 Zi., Mitte Nov. bis Ende Feb. geschl., Tel. 075 82 91 91, Fax 075 82 81 18, Kategorie 2*

SPIEL UND SPORT

Das Ufer des Trasimenischen Sees ist fast gänzlich von Schilf umstanden und daher nur an wenigen Stellen zum Baden geeignet. Ein hübscher, kleiner *Sandstrand* ist in Passignano, hier ist auch ein *Yachthafen*. *Segeln* und *Surfen* sind überall möglich, Wassersportschulen sind vorhanden. Fürs *Wasserskifahren* ist eine Genehmigung vom Ispettorato di Porto in Passignano (via Europa 4) erforderlich. Der Trasimenische See ist ein ideales *Anglergebiet* (Angelscheine beim IAT). *Fahrradfahren* und *Reiten* gehören ebenfalls zu den Freizeitaktivitäten rund um den See (Info beim IAT).

AUSKUNFT

IAT del Trasimeno

Piazza Mazzini 10, 06061 Castiglione del Lago, Tel. 07 59 65 24 84, Fax 07 59 65 27 63

ZIEL IN DER UMGEBUNG

Città della Pieve   (112 / B 3)

Durch Steineichenwälder und Olivenhaine schraubt sich die Straße hinauf zu dem kleinen Städtchen (6700 Ew.), das dominierend auf einem Bergrücken liegt. Besonders sehenswert der Dom (Baubeginn 12. Jh., im 16. Jh. umgebaut), in dem sich zwei Tafelbilder von Perugino, dem größten Sohn der Stadt, befinden; weitere Werke in der Kirche S. Maria dei Servi (»Grablegung«, 1517) und in S. Pietro. Im Oratorio S. Maria dei Bianchi das bedeutendste Werk Peruginos, die »Anbetung der Könige« *(tgl. 10.30–12.30, 16.30–18.30 Uhr)*.

Im Oratorium S. Bartolomeo ein besonders schönes Fresko von Nicola di Bonifazio, »Kreuzigung«, 1384 *(tgl. 10–12, 16–19 Uhr)*. Zu empfehlen ist die Trattoria *Da Bruno* an der zentralen Via Vannucci *(Mo geschl., Kategorie 3)*.

Badeidyll an einem der wenigen Sandstrände des Trasimenischen Sees

BENEDICTO

Pilgerpfade und Theatervergnügen

Eine Reise voller Kontraste durch romantische Bergeinsamkeit und in eine berühmte Festspielstadt

Die wilde Landschaft der Valnerina, Norcia, Geburtsstadt des hl. Benedikt, die unirdisch herrliche Hochebene von Castelluccio, Spoleto, der elegante Festspieltreffpunkt, einsame Abteien, dichte Wälder, klare Bäche und eine besonders gute Küche – das alles bietet der romantische Osten Umbriens.

NORCIA

(115/E 4) Am Ende der schönen Bergstraße, die sich von Cerreto in der Valnerina durch das Tal des Corno aufwärts windet, liegt auf einer weiten, fruchtbaren Hochebene vor einem Kranz grüner Berge das reizende Norcia (5000 Ew.). Ganz von einer mittelalterlichen Stadtmauer mit sieben Toren umgeben, ducken sich die niedrigen Häuser auf ihren dicken Sockeln: Seit 1859 darf in dem erdbebengefährdeten Ort nur noch zweistöckig gebaut werden. Fernab der Hauptverkehrsadern hat sich die Stadt einen ganz besonderen verträumten Charme bewahrt – der nur

St. Benedikt in Norcia

dann unterbrochen wird, wenn Busse aus dem nahen Cascia hier Station machen und sich die Pilger mit Schweinernem und Trüffeln, den hiesigen Spezialitäten, eindecken. Außer als Ziel der Gourmets ist Norcia vor allem als die Geburtsstadt des hl. Benedikt und seiner Zwillingsschwester Scholastica bekannt. Das römische Nursia, auf einer alten Ansiedlung errichtet, fiel unter den Langobarden an das Herzogtum Spoleto und im 15. Jh. mit diesem an den Kirchenstaat.

BESICHTIGUNGEN

La Castellina
Die Zitadelle wurde 1554–63 von Vignola für die päpstlichen Stadtverwalter gebaut. Ein geheimer Gang verbindet den quadratischen Bau mit der Porta Cerasca außerhalb der Mauern. Zweistöckig, mit zwölf sehr hohen Rundbögen und einer offenen Galerie um den Innenhof – ein kleines Prachtexemplar der Festungsbaukunst. *Piazza S. Benedetto*

Palazzo Comunale
Rathaus (14. Jh.) mit trutzigem Glockenturm, vierbogigem Por-

tikus und einer im 19. Jh. hinzugefügten, geschlossenen Loggia mit eleganter Freitreppe. In der Sala del Consiglio und der Sala dei Priori schöne Holzdecken. In der Kapelle ein Finger des hl. Benedikt, kostbar in ein Reliquiar von 1540 gefaßt. Links schließt sich das hübsche Teatro Comunale an. *Piazza S. Benedetto*

Palazzo dei Cavalieri di Malta
Hier ist ein Museum bäuerlichen Lebens untergebracht. *Museo della Civiltà Contadina, Sa–So 9–13, 15–19 Uhr, Via Roma*

S. Agostino
Vom Altar aus erhält man den besten Eindruck vom Kirchenraum (14. und 17. Jh.) mit der großen geschnitzten Orgel und den kunstvollen Seitenaltären – mit allerdings weniger kunstvollen Altarbildern. Im Eingangsbereich schöne Fresken, auch aus der Perugino-Schule. *Via Anicia*

S. Benedetto
Harmonisch umgeben die Gebäude den runden Platz mit dem Denkmal des Heiligen. Die Kirche (14. Jh.) mit gotischem Portal und schöner Fensterrose wurde auf dem Geburtshaus der heiligen Geschwister Benedikt und Scholastika errichtet. Das Innere, im 18. Jh. umgestaltet, birgt außer zwei sehr schönen Wandgräbern keine nennenswerten Kunstschätze. In der Krypta Teile eines römischen Gebäudes aus dem 1. Jh. (auch von einem Durchgang an der linken Seite des Doms zu sehen), in der Apsis Freskenreste. *Piazza S. Benedetto*

S. Francesco
Aus dem 14. Jh., mit schöner Fensterrose; dient zur Zeit als Depot für Norcias Kunstschätze und ist, wie S. Rita gegenüber, geschlossen. *Piazza Garibaldi*

S. Maria Argentea
Der »silberne« Dom stammt von 1560, eine Vorgängerkirche mußte dem Bau der Castellina weichen. Im linken Seitenschiff die Cappella della Misericordia, mit zahlreichen abgenommenen Fresken, von denen eines Maria zeigt, umrahmt von der hl. Scho-

---

MARCO POLO TIPS FÜR DEN OSTEN

1 Spoleto
Nach einem Ausflug zu S. Pietro fuori le Mura den Abend bei einem Glas auf der Piazza del Duomo ausklingen lassen (Seite 69)

2 S. Pietro in Valle
Abtei aus der Langobardenzeit in einem romantischen Seitental der Nera (Seite 73)

3 Piano Grande
Vor der Kulisse der Monti Sibillini in 1450 m Höhe das El Dorado für Drachenflieger (Seite 64)

4 Granaro del Monte
Trüffelspezialitäten am Kaminfeuer, wenn draußen in Norcia die Nebelschwaden ziehen (Seite 63)

In historischem Ambiente speist man gut im Granaro del Monte in Norcia

lastica und dem hl. Benedikt, der eine frühe Ansicht Norcias trägt (16. Jh., Maler aus Norcia). *Piazza S. Benedetto*

ÜBERNACHTUNG – RESTAURANTS

Albergo Grotta Azzurra

★ Legendär schon ist der Ruf des Restaurants Granaro del Monte in einem Hotel, das in sieben nebeneinanderliegende mittelalterliche Häuser nahe der Piazza eingefügt ist. 46 einfache, gemütliche Zimmer, große Aufenthaltsräume und vor allem eine ganz vorzügliche, gepflegte umbrische Küche mit freundlichem Service in historischen Räumen. *Via Alfieri 12, Tel. 07 43 81 65 13, Fax 07 43 81 73 42, Kategorie 2–3, Restaurant Kategorie 1–2*

Monastero S. Antonio

Die Schwestern vermieten 37 Zimmer mit Bad im Kloster an der nördlichen Stadtmauer. *Via delle Vergini, Tel. 07 43 81 66 57, Kategorie 3*

Posta

Bei der zentralen Piazza S. Benedetto mit schattigem Garten und gutem Restaurant. *30 Zi., Via Battisti 12, Tel. 07 43 81 62, Fax 07 43 81 74 34, Kategorie 2, Restaurant Kategorie 1*

Salicone

Moderner Komplex direkt vor der Stadtmauer, olympische Sportanlagen (Schwimmbad, Tennisplätze, Fußballplatz, Sporthalle). Nur Frühstück. Behindertengerecht. *71 Zi., Via Comunale Montedoro, Tel. 07 43 82 80 76, Fax 07 43 82 80 81, Kategorie 1–2*

Trattoria dei Priori

Die typische Trattoria gleich links neben dem Dom bietet gute, solide Kost. *Via Riguardati, Di geschl., Kategorie 3*

EINKAUFEN

Alles, was vom Schwein kommt. Und die köstlichen schwarzen Trüffeln aus der Umgebung. Be-

> **Dank für sicheres Geleit**
>
> In den Kirchen der armen Bergdörfer um Norcia finden sich auffallend viele barocke Altarbilder Florentiner Maler: Holzfäller und Hirten brachten sie nach glücklicher Beendigung der Saisonarbeit in der Toskana als Dankopfer in die heimatlichen Kirchen.

sonders kleine, würzige Linsen gehören auch zu Norcias kulinarischen Spezialitäten, sie wachsen auf der Hochebene von Castelluccio.

SPIEL UND SPORT

Die Karsthänge der Monti Sibillini und der Piano Grande sind im Winter ideale *Skigebiete.* Die große Ebene von Castelluccio in 1500 m Höhe ist vor allem ein Eldorado für *Drachenflieger,* die hier eine Schule unterhalten. Ideal ist das Berggebiet auch für *Wanderungen* und *Reitausflüge* beispielsweise zum östlich gelegenen Lago die Pilato, einem kleinen Bergsee. Infos beim IAT.

AUSKUNFT

IAT del Valnerina-Cascia
Via G. Da Chiavano 2, 06043 Cascia, Tel. 074 37 11 47, Fax 074 37 66 30

ZIELE IN DER UMGEBUNG

Cascia (115/D–E 5)
Dank der hl. Rita wurde der oft von Erdbeben zerstörte und modern wieder aufgebaute Geburtsort der Heiligen zum Jahrmarkt von Devotionalien; der Andrang der Pilgerscharen steigert sich alljährlich um den 21./22. Mai, den Geburtstag der Heiligen. Cascia wird bereits im Jahr 553 als römisches Munizipium erwähnt. Zu den kunsthistorischen Sehenswürdigkeiten gehören die Kirche S. Francesco (13. Jh.) mit einem gut erhaltenen Portal und mehreren sehenswerten Fresken (14.–16. Jh.); Sant'Antonio Abate, auch wegen seines Freskenzyklus sehenswert; S. Maria, die älteste Kirche des Ortes, und di Rocca Agostino auf der Spitze des Hügels. Dominierend etwas unterhalb die 1747 erbaute Basilika S. Rita mit einem modernen Hauptaltar von Giacomo Manzù (1981). Die wunderschöne Umgebung des 653 m hoch gelegenen Ortes (4000 Ew.) lädt zu Ausflügen ein, z.B. nach Roccaporena (700 m), Chiavano (1128 m) oder auf den Monte Meraviglia (1392 m).

Piano Grande (115/F 4)
★ Eine grandiose Ebene in 1450 m Höhe. Hier sind Wanderer und Drachenflieger unter sich. Am nördlichen Ende der Hochebene liegt Castelluccio, eines der höchstgelegenen Dörfer Italiens. Unterkunft und gute Küche findet man im *Albergo-Ristorante Sibilla (Tel. 07 43 87 01 13, geöffnet 1. April–15. Okt. und um Weihnachten, Di geschl., Kategorie 3).*

Sant'Eutizio (115/E 3–4)
Über eine ◥◤ steile, kurvenreiche Straße von Norcia aus erreichen Sie die einsam gelegene Benediktiner-Abtei, sie wurde

vor 1000 erbaut. Die einschiffige Kirche (1190 bis 1236) mit schöner Fensterrose, Krypta und Campanile und der anschließende Kreuzgang aus dem 14. Jh. geben Zeugnis von der einstigen Macht. Gut essen und schlafen können Besucher nahe der Abtei im *Albergo Bianco-Fiore (5 Zi., Tel. 074 39 91 85, Restaurant im Winter Sa geschl., Kategorie 3).*

SPOLETO

☛ **Stadtplan in der hinteren Umschlagklappe**

(114/B 5) Die Stadt (37 000 Ew.) erhebt sich vor dem Hintergrund dichtbewaldeter Hügel. Sie ist geprägt von dem herrlichen Dom mit Domplatz, den romanischen Kirchen, dem römischen Amphitheater, den Treppengassen und dem imposanten Ponte delle Torri – beherrscht von der mächtigen Rocca Albornoz, unter der die umgeleitete Via Flaminia als Schnellstraße hindurchgeführt wird. Spoleto ist sozusagen – eleganter, internationaler als die übrigen umbrischen Städte – eine Kleinstadt von Weltrang: Seine Berühmtheit verdankt das ansonsten beschauliche Städtchen dem seit 1958 alljährlich im Juni/Juli stattfindenden *Festival dei Due Mondi,* dem wohl künstlerisch anspruchsvollsten Musik-, Theater- und Ballettfestival Italiens – während dessen sich die Hotel- und Restaurantpreise verdoppeln. Die »zwei Welten«, deren Kulturen sich hier begegnen sollen, sind Amerika und Europa. Die von Giancarlo Menotti gegründeten Festspiele sind immer hochkarätig besetzt.

Spoleto ist eine der ältesten Siedlungen auf umbrischem Gebiet, wie 3000 Jahre alte Funde bezeugen. Seine Lage über dem Tessino verlieh dem Ort schon immer strategische Bedeutung. 241 v. Chr. gründeten die Römer die Kolonie Spoletium, durch deren Mitte die Via Flaminia verlief,

Drachenflieger auf der Hochebene von Castelluccio vor dem Start

und errichteten eine Vielzahl von Gebäuden, die zum Teil noch heute im Stadtbild zu sehen sind. 571 nahmen die Langobarden die Stadt ein und gründeten unter Faraold I. das Herzogtum Spoleto, das einen Großteil Umbriens, der Marken und der Abruzzen umfaßte; ihre Herrschaft dauerte über 600 Jahre. 1155 durch Friedrich Barbarossa zerstört, gelangte das wieder aufgebaute Spoleto im 13. Jh. als eine der ersten Städte Umbriens an den Kirchenstaat. 1370 wurde die Festung vollendet, von der die päpstlichen Stellvertreter Aegidius Albornoz und 1499 für kurze Zeit die berüchtigte Lucrezia Borgia, Tochter Papst Alexanders VI., regierten. Später geriet Spoleto, wie so manches von der Kirche beherrschte Gebiet, in Vergessenheit.

BESICHTIGUNGEN

Arco di Druso

Der Drusus-Bogen wurde vom Senat von Spoletium nach dem Tod des Feldherrn Drusus (23 n. Chr.) errichtet. Der Bogen bildete einen der Eingänge zum Forum, das etwa an der Stelle der heutigen Piazza del Mercato gelegen haben muß. In der Nähe Reste eines römischen Tempels aus dem 1. Jh., die teilweise in die Kirche Sant'Ansano mit der Krypta des hl. Isaak inkorporiert sind. *Tgl. 7.30–12, 15–17.30 Uhr, Via Arco di Druso*

Palazzo Comunale

In den Räumen des Obergeschosses ist die *Pinakothek* mit einer umfangreichen Sammlung von Gemälden untergebracht *(Di bis So 10–13, 15–18 Uhr).* Unter dem Palast wurden 1885 die Reste eines römischen Hauses entdeckt. Die reiche Ausstattung der zahlreichen Räume und einige Funde legen nahe, daß es sich um das Haus der Mutter Kaiser Vespasians handelt. *Di–So 10–13, 15–18 Uhr, Via Visiale*

Piazza del Mercato

✪ Der Marktplatz liegt an der Stelle des römischen Forums und ist immer noch der zentrale Platz der Stadt. Von hier gehen auch praktisch alle für den Touristen

---

Einsamkeit

Dreißig Menschen sind es noch, die die langen Wintermonate im hoch gelegenen Castelluccio auf der Ebene des Piano Grande verbringen. Kein Arzt, kein Apotheker, kein Priester steht ihnen bei. Die Ebene ist nebelverhangen und meist monatelang unter Schnee begraben. Bis in unser Jahrhundert mußte bei Nebel von morgens bis abends die Kirchenglocke geläutet werden – als Richtweiser für verirrte Wanderer, und bis ins 19. Jh. war es gar verboten, die Ebene zwischen November und März zu durchqueren. Jetzt haben sich die Zeiten geändert: Während des Sommerhalbjahrs fährt ein Bus am Montag von Castelluccio die 30 km hinunter nach Norcia – und am Samstag fährt er regelmäßig wieder zurück.

interessanten Straßen ab, auch die Via del Palazzo dei Duchi mit ihren eleganten Antiquitätengeschäften und mittelalterlichen Werkstätten.

Ponte delle Torri

Die mächtige, 80 m hohe und 230 m breite Brücke mit ihren 10 hohen Bögen ist das meistfotografierte Objekt in Umbrien. Vermutlich an der Stelle eines vormaligen römischen Aquäduktes erbaut, verbindet sie den Festungshügel Sant'Elia über das Tal des Tessino mit dem Berg Monteluco. 🔻 Durch die einzige Fensteröffnung hat man einen herrlichen Blick. *Anfahrt über die Via Rocca von der Festung oder über die Via del Ponte, die von der Piazza Campanella in Domnähe abgeht.*

Rocca Albornoz

Die mächtige Festung wurde 1359–70 nach Plänen von Matteo Gattapone erbaut. Der erstaunlich gut erhaltenen Anlage mit interessanten Innenhöfen wurde im 19. Jh. ein Zellentrakt vorgebaut: Sie diente bis 1984 als Strafanstalt. Die Festung wird zur Zeit restauriert und soll in Zukunft als Museum und zu Ausstellungen genutzt werden.

Sant'Eufemia

Über Jahrhunderte war dieses Juwel romanischer Baukunst aus der zweiten Hälfte des 12. Jhs. hinter Überbauungen verschwunden; was wir heute sehen können, ist das Ergebnis sachkundiger langer Restaurierungen. Sie erreichen die Basilika, deren drei Apsiden zum Domplatz zeigen, von der Via Saffi über den Innenhof des Palazzo Arcivescovile. Beim Eintritt in die kleine Kirche wird der Betrachter unmittelbar von der schlichten Schönheit und Harmonie des Innenraums gefangengenommen. Der Palast des Erzbischofs wurde im Mittelalter um die Kirche herum errichtet. Heute beherbergt er ein *Museum sakraler Kunst (Museo Diocesano und Kirche S. Eufemia tgl. 10–12.30, 15.30–19 Uhr). Via Saffi*

SS. Giovanni e Paolo

Einzigartig ist eine Darstellung des Martyriums des hl. Thomas Becket, der 1170 enthauptet und 1173 heiliggesprochen wurde; das Fresko dürfte nur wenig später entstanden sein. *Di–So 10–13, 15–18 Uhr, Via Valerio Corvino*

S. Maria Assunta

Spoletos berühmter Dom. Der Bau wurde um 1175 begonnen und zwischen 1216 und 1227 vollendet. Eindrucksvoll ist die Fassade, die von Fensterrosen geziert wird. Über der besonders schönen mittleren aus dem 12. Jh. in einer spitzbogigen Nische ein großes, weit leuchtendes Mosaik (datiert 1207) mit dem »Thronenden Christus zwischen Maria und Johannes«. Der fünfbogige Portikus mit den kleinen Kanzeln zu beiden Seiten wurde 1491–1504 vor die Fassade gesetzt. Aus der ersten Bauperiode stammt der Campanile aus besonders großen Quadern, z. T. römischen Spolien.

Durch ein reich verziertes Hauptportal betritt man das Innere, das auf den ersten Blick enttäuscht: 1638 wurde barockisiert. Der schöne Fußboden mit Einlegearbeiten und einige Seitenkapellen sowie die Apsismalereien entgingen jedoch der »Modernisierung«. Gleich rechts in der kleinen Seitenkapelle sehr schöne Fresken von Pinturicchio, besonders eine »Thronende Muttergottes mit Kind und Heiligen« (1497). Besondere Aufmerksamkeit gebührt den Malereien der Apsis: Die großartigen Fresken des Marien-Zyklus sind die letzten Arbeiten Fra Filippo Lippis, der sich mit seinem Sohn Filippino in der großen Gruppe rechts porträtiert hat. Kurz vor Vollendung der Arbeiten starb der Künstler am 9. Oktober 1469. Sein Grabmal ist im rechten Kreuzarm, jedoch ohne den

Die Domfassade von Spoleto zieren fein skulptierte gotische Rosetten

68

Leichnam, der bei den Restaurierungsarbeiten abhanden kam. Beeindruckend das große Kruzifix im ersten Seitenaltar links, 1187 auf Pergament gemalt und anschließend auf Holz übertragen. Unter der Cappella delle Reliquie, neben dem linken Kreuzarm, liegt die Krypta einer Vorgängerkirche aus dem 9. Jh., die man durch den Kreuzgang betreten kann. *Tgl. 8–13, 15 bis 17.30 Uhr (Sommer bis 18.30 Uhr)*

Wenn man von der Via Fontesecca die rampenartig angelegten Stufen zum ★ Domplatz hinabschreitet, bildet der Dom mit der dahinter aufragenden Rocca und den grünen Hügeln der Umgebung eine einzigartige Kulisse – vor der alljährlich 6000 Besucher des Festivals dem großen Abschlußkonzert lauschen. *Piazza del Duomo*

S. Pietro fuori le Mura

★ Der jetzige Bau stammt aus dem 12. Jh., er wurde 1329 nach einem Brand in wesentlichen Teilen erneuert und während der letzten Jahre gründlich restauriert. Was diese Kirche vor allen anderen auszeichnet, ist der bildhauerische Schmuck ihrer Fassade: Sechzehn Felder in Marmor, meisterlich skulptiert, mit den für umbrische Kirchen so typischen »Stein-Erzählungen«. Sie dürften um 1200 von unbekannten Künstlern ausgeführt worden sein und erzählen vom Leiden, der Hoffnung, den täglichen Arbeiten und Ängsten der mittelalterlichen Menschen, umrahmt von Tieren, Fabelwesen, Heiligen und Engeln. Die Fassade ist übersichtlich gegliedert, bei einfühlsamer Betrachtung gelingt es bestimmt, die Erzählungen zu »lesen«. Am Abend leuchtet der Stein in rotgoldenen Tönen – die beste Zeit zum Fotografieren. Das Innere der Kirche kann es mit der Fassade nicht aufnehmen. *Anfahrt über die SS 3 (Flaminia), Richtung Rom*

S. Salvatore

Die Erlöserkirche ist die älteste der Stadt. Ihre Baugeschichte gibt den Kunsthistorikern noch immer Rätsel auf; man schwankt zwischen frühchristlicher (4. bis 5. Jh.) und langobardischer Zeit (8. Jh.). Im Innern der mehrfach umgebauten Kirche sind die drei Schiffe durch große ionische und korinthische Säulen unterteilt. Im rechten Seitenschiff ein Kreuzigungsfresko aus dem 14. Jh. *Ganztags geöffnet, oberhalb der Via Flaminia Richtung Foligno*

Teatro Romano

Das gut erhaltene römische Theater aus dem 1. Jh. v. Chr. faßt 3000 Zuschauer. Während der Festspiele finden hier vor allem Ballettaufführungen statt. Durch das Theater gelangt man zum *Archäologischen Museum* mit bedeutenden Funden. *Mo–Sa 9–13.30, 14.30–19 Uhr, So 9–13 Uhr, 1. Jan., 1. Mai u. 25. Dez. geschl., Piazza della Libertà*

Antica Trattoria Del Quarto

Typische, solide Trattoria, in der man sich ein preiswertes Touristenmenü selbst zusammenstellen kann; im Sommer Tische im Garten. Behindertengerecht. *Via C. Cattaneo 1, Mo geschl., Kategorie 3*

Apollinare

Sehr gepflegtes, intimes Restaurant mit vorzüglicher Küche im

Hotel Aurora nahe dem Teatro Romano. *Via S. Agata 14, Tel. 07 43 22 32 56 (vorbestellen!), Di geschl., Kategorie 1–2*

Canasta

☙ Großzügiges, helles Ambiente mit Logenblick auf das Teatro Romano, sehr gutes, preiswertes Tagesmenü. *Piazza della Libertà, Mi geschl., Kategorie 3*

Ristorante Sabatini

Von Künstlern bevorzugtes Restaurant mit angenehmer, leicht altmodischer Atmosphäre, bester Küche und aufmerksamer Bedienung. Garten. Behindertengerecht. *Corso Mazzini 52–54, Tel. 07 43 22 18 31, Mo u. 1.–10. Aug. geschl., Kategorie 2*

Tartufo

In der »Trüffel« speist man nicht nur solche, sondern im allgemeinen sehr gut. Angenehmes Ambiente. *Piazza Garibaldi 24, Tel. 074 34 02 36, So abends, Mo u. 13. bis 31. Juli geschl., Kategorie 1–2*

Tric-Trac

Restaurant und Bar. Während der Festspiele »der« Treffpunkt! Das ganze Jahr über vorzügliche Menüs in freundlichem Ambiente. Im Sommer Tische auf dem Domplatz. Sehr gut bestückte Bar. Behindertengerecht. *Piazza del Duomo 10, Tel. 074 34 45 92 (abends vorbestellen!), Mi geschl., Kategorie 1*

EINKAUFEN

Spoleto hat sehr elegante Geschäfte und einige gute Kunstgalerien; Antiquitäten, Keramik, Mode, Wäsche, Silber werden angeboten; die verführerischsten Auslagen sieht man in den Gassen zwischen Piazza Mercato und Dom.

ÜBERNACHTUNG

Albornoz Palace Hotel

Nahezu futuristische Architektur, geräumige moderne Zimmer, Blick auf die Rocca. Behindertengerecht. *96 Zi., Viale G. Matteotti 10, Tel. 07 43 22 12 21, Fax 07 43 22 16 00, Kategorie 1*

Charleston

Angenehmes Haus mit 18 hübschen Zimmern. Parkplatz. *Piazza Collicola 10, Tel. 07 43 22 00 52, Fax 07 43 22 20 10, Kategorie 2*

Dei Duchi

Nahe dem Teatro Romano, etwas kühles Ambiente, aber freundlicher Service und gutes Restaurant *(Di u. Feb. geschl.).* Herrliche Aussicht von den schönen Zimmern; großer Park. Behindertengerecht. *51 Zi., Viale G. Matteotti 4, Tel. 074 34 45 41, Fax 074 34 45 43, Kategorie 2*

Il Panicolle

7 sehr hübsche Zimmer, renoviert in altem Gemäuer; gutes Restaurant, freundlicher Service – und gleich beim Dom. *Via Duomo 3, Tel. 074 34 56 77, Kategorie 3*

Istituto Bambin' Gesù

Die Schwestern vermieten 15 Zimmer – alle mit Bad. Relativ zentral. *Via Monterone 4, Tel. 074 34 02 32, Kategorie 3*

Palazzo Dragoni

Wenn Sie gepflegt wohnen wollen, ist dieser Palast aus dem 16. Jh. mit seinen wunderschönen Salons und Zimmern das richtige! Nur Frühstück. *15 Zi, Via Duomo 13, Tel. 07 43 22 22 20, Fax 07 43 22 22 25, Kategorie 1*

Auch außerhalb der Festspielzeit ist in Spoleto immer einiges los. 🏃 Zwei beliebte Diskos liegen etwas außerhalb: *Ticò (11 km nördlich auf der Via Flaminia, Campello sul Clitunno, Via Don Fausti 13)*, und der *Torricella Club (mit Pool) im Ortsteil Torricella.* Die älteste Disko liegt im Stadtzentrum: *La Tartaruga (Via Filetteria 12).*

Bowling Centro Italia

Außer mehreren Bowling-Bahnen sind Kicker, Videomaten und Billardtische bis in die Nacht besetzt. Bar und Eisdiele. *22 Uhr bis open end, Mo geschl., Via Flaminia km 131*

Gulliver Atelier

Neu eröffnet, mit Restaurant, Café und Pianobar – für die nicht mehr ganz Jungen. *In der Torre dell'Olio*

IAT di Spoleto

Piazza della Libertà 7, 06049 Spoleto, Tel. 07 43 22 03 11, Fax 074 34 62 41

Clitunno-Quelle und -Tempel   (114/B 4)

Properz, Vergil, Plinius d.J. und nach ihnen Goethe und Lord Byron besangen die Quellen und den sie umgebenden Hain; heute ist die Anlage mit kleinem See und schattenspendenden Bäumen ein romantischer, aber oft

Grün und kühl ist es im heiligen Hain an den Quellen des Clitunno

auch vielbesuchter Ausflugsort *(Fonti del Clitunno, 1. April–15. Juni tgl. 9–13, 14–19 Uhr, 16. Juni–15. Sept. 9–20 Uhr, 16. Sept.–31. Okt. 9 bis 12.30, 14–17 Uhr, 1. Nov. bis 31. März 9.30–16.30 Uhr, 12 km nördlich von Spoleto, links an der lauten Via Flaminia).* Etwa 600 m nördlich der Clitunno-Tempel, ein architektonisches Kleinod *(tgl. außer Mo 1. April–31. Okt. 9 bis 19 Uhr, 1. Nov.–31. März 9–14 Uhr).* Der Bau, dessen Zuschreibungen zwischen dem 4./ 5. und 8./9. Jh. schwanken, wurde als S. Salvatore christianisiert. Gut betrachten kann man den Tempel von der unterhalb liegenden Mühle, in die das komfortable, weiträumige Hotel *Vecchio Mulino* mit großzügigen Aufenthaltsräumen und 13 schönen Zimmern eingebaut wurde. *Loc. Pissignano, 6042 Campello sul Clitunno (PG), Tel. 07 43 52 11 22, Fax 07 43 27 50 97, Ostern–Ende Sept., Kategorie 1.* Etwas weniger exklusiv, aber auch stilvoll logiert man im *Albergo Ravale* oberhalb der Quellen, mit gutem Restaurant *(Mi geschl.).* 20 Zi., 6042 Campello sul Clitunno (PG), Tel. 07 43 52 13 20, Fax 07 43 52 08 61, Kategorie 3

Monteluco (114/B–C 5)

🌿 Der »heilige« Wald umgibt den 804 m hohen Gipfel des Monteluco im Osten der Stadt. Hier liegen ein kleines Kloster, das Franz von Assisi als eines der ersten des Ordens 1218 gründete, und ein Ausflugsrestaurant. Mitte des 15. Jh. lebte hier der hl. Bernhardin von Siena. Auf halber Strecke, nach etwa 5 km, liegt links die romanische Kirche S. Giuliano. Echte bäuerliche Gastfreundschaft und beste umbrische Küche bietet die *Azienda*

Agricola Bartoli im kleinen Dorf Pátrico sul Monteluco. *6 Zi., Tel. 074 32 20 58, Kategorie 3*

VALNERINA

(**114–115/C–D 3–6**) Das schmale Tal der Nera mit Pappeln und Weiden längs des Flusses, darüber die Felshänge mit Bergnestern und Burgen – die romantische, arme Gegend im Osten Umbriens, das »Land der Heiligen«. Der Fluß entspringt auf den Sibillinischen Bergen, fließt in schmalem Bett südwärts und mündet nach 116 km bei Orte in den Tiber. Man kann in das Tal von Süden, aus Terni, oder von Norden nahe Foligno über eine schöne Paßstraße (SS 77 und SS 319) einfahren und auf ebenfalls kurvenreicher Straße von Spoleto oder aber durch den Tunnel, der nördlich von Spoleto von der Superstrada abgeht. Das Tal war früher der wichtigste Verbindungsweg zwischen dem Herzogtum Spoleto und dem Königreich Neapel.

BESICHTIGUNGEN

Castel S. Felice (114/C 5)
Von einer Festungsmauer umgeben, liegt außerhalb die dem syrischen heiligen Felix geweihte Kirche (12. Jh.) mit einer besonders reichen Fassade.

Cerreto di Spoleto (115/D 4)
Die Kirche S. Maria di Ponte (1204) hat eine besonders schöne Fensterrose; zahlreiche Fresken schmücken S. Lorenzo (14. Jh.).

Ferentillo (117/E 2)
Einer der pittoresken Orte des Valnerina; die Häuser ziehen sich auf beiden Seiten des Flusses em-

por und werden jeweils von einer Burg gekrönt. Auf der östlichen Flußseite die Kirche S. Stefano (16. Jh.), in deren Unterbau aus dem 13. Jh. bis 1871 die Toten des Ortes zur Ruhe gebettet wurden: Das *Museo delle Mumie* ist interessant und sehenswert *(1. April bis 31. Okt. 9–12.30, 14.30–19.30 Uhr; 1. Nov.–7. Jan. 9.30–12.30, 14.30 bis 18 Uhr; 8.–31. Jan. nur Sa u. So 10 bis 12.30, 14.30–17 Uhr; Feb. u. März 10–12.30, 14.30–17, März 18 Uhr).*

Monteleone di Spoleto   (115/D 6)

978 m hoch gelegenes altes Städtchen, außergewöhnlicher Freskenschmuck im Kreuzgang von S. Francesco (14. Jh.).

S. Pietro in Valle   (117/E 2)

★ 🔱 Die Benediktinerabtei wurde 720 von dem Langobarden-Herzog Faroald II. gegründet, der sich nach der Absetzung durch seinen Sohn als Mönch in diese Waldeinsamkeit zurückzog und 728 hier starb. Die heutigen Bauwerke stammen zum Großteil aus den Jahren zwischen 996 und 1016. Der fünfgeschossige Campanile wurde im 12. Jh. erbaut. Man betritt den Klosterhof mit dem schönen zweistöckigen Kreuzgang und gelangt von dort in die Kirche. Die Wände des Langhauses werden von einem – teilweise zerstörten – Freskenzyklus bedeckt, der zu den bedeutendsten byzantinisch-langobardischen Wandmalereien in Italien gehört. Die Fresken, auf denen Szenen aus dem Alten und Neuen Testament dargestellt sind, werden gerade restauriert. Es wird noch längere Zeit dauern, bis man sie wieder in ihrer Gesamtheit bewundern kann; nicht abgedeckte Fragmente erklärt die freundliche Kustodin jedoch gern, ebenso das große Apsisfresko aus dem Anfang des 14. Jhs. Römische Sarkophage mit reichem Figurenschmuck, ein Sarkophag aus dem 3. Jh., der die Gebeine Faroalds II. enthalten soll, weitere Reliefs und der Hauptaltar mit einem besonders eindrucksvollen Relief aus dem 8. Jh. sind zu sehen. *Tgl. 10.30–13, 14.30–17 Uhr.* Die Abtei ist umgeben von gepflegten Rasenflächen und Olivenhainen (Picknick!); gut speist man im *Ristorante dell'Abbazia* vor der Klosterpforte. Die Straße zur Abtei biegt bei Sambucheto westlich ab.

HOTELS – RESTAURANTS

Del Ponte

Hotel mit Restaurant in Scheggino (**117/E 1**), am Fluß gelegen, mit eigenem Forellengewässer. *12 Zi., 1.–15. Sept., Restaurant Mo geschl., Tel. 07 56 11 31, Kategorie 3*

Valle del Vigi

Im hoch gelegenen Sellano (**115/D 3**) mit schönen Ausblicken, beste umbrische Küche und zwölf nette, einfache Zimmer bei freundlicher Bedienung. *Restaurant Sa im Winter geschl., Tel./Fax 074 39 61 29, Kategorie 3*

SPIEL UND SPORT

In Ferentillo wurden Kletterwände aller Schwierigkeitsgrade installiert *(palestri di roccia)*, die bislang aus 250 »Pfaden« bestehen. Auskunft hierüber erteilt die *FASI (Federazione Arrampicatori Sportivi Italiani), Tel. 07 44 30 09 46.* An den Ufern der Nera nehmen Angler Forellen an den Haken (Angelscheine beim IAT, s. S. 64).

Auf den Spuren der Römer

Römische Ausgrabungen, ein grandioser Wasserfall und als Höhepunkte Orvieto und Todi

Stille, fischreiche Seen, das schluchtartige Tal der unteren Nera und das weite Tal des Tiber, aus dem sich der von Orvieto gekrönte Tuffsteinfelsen erhebt, dazu Hochebenen mit schmalen, endlosen Staubstraßen – so stellt sich der Süden dar, die am wenigsten erdbebengefährdete Ecke der Region. Am Wegesrand Reste römischer Siedlungen, Weingüter und Burgen.

NARNI

(116 / C 3) Bald 200 m schraubt sich die alte Via Flaminia aus der Ebene Ternis an der Flanke des Berges hinauf, vorbei an den Resten des Ponte d'Augusto. Um 31 v. Chr. bis 14 n. Chr. wurde unter Kaiser Augustus die mächtige Brücke aus Travertinblöcken errichtet, in drei oder vier Bögen überspannte sie, Teil der Via Tiberina, in 160 m Länge und 30 m Höhe das Tal der Nera – ein Bogen blieb erhalten. Schon 299 v. Chr. hatten die Römer das um-

Goldglänzende Mosaiken schmücken die Fassade des Doms von Orvieto

brische Nequinum erobert. Sie gaben dem strategisch wichtigen Stützpunkt den Namen Narni. Im Mittelalter stand die Stadt (heute 21 000 Ew.) in hoher Blüte, hatte jedoch auch mehrmals unter verheerenden Plünderungen zu leiden.

BESICHTIGUNGEN

Narni Sotterranea
Schon im 1. Jh. v. Chr. bauten die Römer diese 13 km lange Wasserleitung, teils unterirdisch, teils über noch sichtbare Aquädukte wie den Acquedotto della Formia. *Halbstündige Führungen So u. feiertags 11–13, 15–17 Uhr ab Giardini di S. Bernardo, Via Mazzini*

Piazza Garibaldi
Belebter Platz mit Brunnen, Glockenturm, zur seitlichen Domfassade hinaufführender breiter Treppe und mehreren Cafés. Auf der östlichen Seite führen malerische Treppengassen durch die alten Wohnviertel hinauf zur prächtigen Rocca, 1370 durch Kardinal Albornoz erbaut – sie wird gerade restauriert und soll ein Museum aufnehmen.

MARCO POLO TIPS FÜR DEN SÜDEN

1 Orvieto
Der prunkvolle Dom mit Signorellis Fresken und eine etruskische Totenstadt (Seite 78, 79)

2 Cascata delle Marmore
Tosende Wasserfälle auf Knopfdruck (Seite 85)

3 Carsulae
Spaziergang durch eine römische Stadt (Seite 88)

4 Todi
Liebens- und lebenswerte Hügelstadt (Seite 86)

5 Amelia
Die wohl älteste Stadt Umbriens (Seite 85)

Piazza dei Priori

Rechts die Loggia dei Priori mit mächtigen Rundbögen, einem Glockenturm und der Kanzel, von der Franz von Assisi predigte. Dahinter die Markthalle *(7 bis 13 Uhr)*, gegenüber die aus drei Turmhäusern entstandene Palazzo del Podestà (13.–14. Jh.); in der Sala del Consiglio im Obergeschoß *(im Sommer tgl. 8–19 Uhr, im Winter So geschl.)* das Tafelbild »Krönung Mariens« von Domenico Ghirlandaio (1486). Ein schöner Brunnen schließt den Platz nach Westen ab.

S. Agostino

Im 15. Jh. auf einem romanischen Vorgängerbau errichtet, im 18. Jh. umgebaut; schöne Fresken des 15.–16. Jhs. *Strada Gattamelata*

S. Domenico

Die Kirche aus dem 14. Jh. wird als *Pinakothek, Stadtbibliothek* und *Paläontologisches Museum* genutzt, im Innern einige schöne Fresken. *Mo–Fr 9–13, Mo–Do auch 15.15 bis 18 Uhr, Via Mazzini*

S. Giovenale

Den romanischen Dom, 1145 dem ersten Bischof der Stadt ge-
weiht, betritt man durch einen Portikus (15. Jh.) von der Piazza Cavour. Im Innern ist vor allem die Kapelle der Heiligen Giovenale und Cassius sehenswert. Aus dem 6. Jh. stammend, wurde sie im 15. Jh. neu zusammengesetzt. Sie ist dekoriert mit Kosmatenarbeiten, Mosaiken aus Marmor, die von einer römischen Künstlergruppe des 12.–14. Jhs. ausgeführt wurden, deren Mitglieder häufig den Vornamen Cosmas trugen. Außerdem mit fein kannelierten Pfeilern und dem Mosaik »Segnender Christus« (9. Jh.).

S. Maria Impensole

1175 als Teil eines Benediktinerklosters erbaut: besonders interessante Subkonstruktionen, größtenteils römischen Ursprungs. *Via Mazzini*

HOTEL – RESTAURANT

Il Minareto

Komfortabel, mit schöner Aussichtsterrasse, 1,5 km außerhalb an der Straße nach Terni gelegen. *8 Zi., Via dei Cappuccini Nuovi 32, Restaurant (Kategorie 1) Mi geschl., Tel. 07 44 72 63 44, Kategorie 2–3*

Im Erdgeschoß des Palazzo del Podestà, Piazza dei Priori, Tel. 07 44 71 53 62

Otricoli (116/C 4–5)

Etwa 20 km südlich, kurz nach der Ortschaft Otricoli, ist rechts die Zufahrt zur *zona archeologica*. Ein Feldweg führt zu den Überresten des römischen Ocriculum. Seit 1776 arbeitet man an den Ausgrabungen; damals kam der berühmte Zeus-Kopf ans Licht – und wurde in die Vatikanischen Museen nach Rom geschafft, ebenso das große Mosaik der Thermen. Zu sehen sind: Reste eines Theaters, der Thermen und des Amphitheaters. Kühe weiden unter Oliven, Zikaden zirpen – eine bukolische Stimmung.

ORVIETO

☞ Stadtplan in der hinteren Umschlagklappe

(112/C 5–6) Aus allen Himmelsrichtungen bietet Orvieto (21 000 Ew.) einen faszinierenden Anblick: Die Altstadt, überragt von dem mächtigen Dom, liegt ausgebreitet auf dem Plateau eines 200 m hohen Tuffsteinblocks, dessen Felswände steil ins Tal des Paglia abfallen. Orvieto war eines der bedeutendsten Zentren der Etrusker; man vermutet, daß es sich um das vielzitierte Volsinii handelt. Ringförmig wird die Stadt von Nekropolen umgeben, in den Museen finden sich großartige Zeugnisse etruskischer Kultur. Nach der Zerstörung der etruskischen Siedlung durch die Römer (263 v. Chr.) geriet sie in Vergessenheit und gewann erst zur Zeit der Völkerwanderung durch ihre strategisch günstige Lage wieder Bedeutung. Im Mittelalter wird Orvieto durch blutige Fehden zwischen Guelfen und Ghibellinen erschüttert: Zu jener Zeit entstehen die Türme, turmartige Häuser und die prächtigen Kirchen der Stadt. Orvieto gerät ab 1157 unter Kontrolle der Päpste: 1449 werden die Stadt und ihr Territorium dem Kirchenstaat einverleibt. Im 16. Jh. wird Orvieto für längere Zeit Residenz der Päpste; Clemens VII. flüchtet nach der Plünderung Roms (Sacco di Roma 1527/28) in die Festung von Orvieto. Die Anwesenheit der Päpste verleiht der Stadt Glanz und Würde, schöne Renaissancepaläste entstehen. Der Anschluß an das Königreich Italien, der Bau der Eisenbahnlinie Florenz–Rom und zuletzt der stetig steigende Fremdenverkehr haben die lange stille Provinzstadt wiedererweckt.

Um die Altstadt ganz verkehrsfrei zu machen, wurde in südwestlicher Richtung unterirdisch der *Parcheggio Campo dei Fiori* angelegt mit 600 bewachten Stellplätzen. Eine Rolltreppe führt in wenigen Minuten zur Stadtmitte (7–21 Uhr), ein Fahrstuhl kann bis 1 Uhr benutzt werden. Vom Bahnhof Orvieto Scalo führt eine Zahnradbahn zur Piazza Cahen; von dort fahren Busse kontinuierlich im Kreisverkehr durch die Stadt. Übernachtungsgästen wird vom Hotel der nächste Parkplatz zugewiesen.

Grotten

Über Jahrtausende haben die Einwohner ihren Tuff-Felsen ge-

In steinernen Kammern bestatteten die Etrusker von Orvieto ihre Toten

radezu ausgehöhlt; Grabkammern, Vorratsräume, Steinbrüche, selbst eine Ölmühle aus dem 14. Jh. finden sich auf mehreren 100 000 unterirdischen Quadratmetern – und seit etruskischen Zeiten wurden Brunnen gegraben, denn der Grundwasserspiegel liegt unterhalb des Tuffsteins. *Führungen tgl. 11 u. 16 Uhr, ab Fremdenverkehrsamt am Domplatz*

Necropoli Crocifisso del Tufo

★ Die bekannteste der zahlreichen etruskischen Nekropolen, die die Stadt umgeben, entstand zwischen dem 6. und 3. Jh. v. Chr. Es handelt sich um eine richtige »Totenstadt« mit Straßen, an denen die in den Tuffstein gehauenen Grabkammern liegen; über dem Eingang ist oftmals der Name des Toten eingemeißelt. *Tgl. 9–19 Uhr, im Winter bis eine Stunde vor Sonnenuntergang, 1,2 km auf der Straße zum Bahnhof*

Museo Archeologico Civico/ Palazzo Faina

Im schönen Palazzo Faina gegenüber dem Dom sind vor allem Zeugnisse aus Orvietos etruskischer Vergangenheit ausgestellt; außerdem wurde ein archäologischer Lehrpfad für Kinder und Jugendliche eingerichtet. *Di–So 10–13 Uhr, 31. März bis 28. Sept. nachm. 14–18 Uhr, sonst 14.30–17 Uhr, Piazza Duomo*

Palazzo Papale

Der Papstpalast, das Quergebäude neben der rechten Domflanke, wurde auf Wunsch der Päpste Urban IV. (1261–64) und Martin IV. (1281–95) erbaut. Heute ist im Palast das Staatliche *Archäologische Museum* mit etruskischen Wandbildern und Funden aus Gräbern der Umgebung untergebracht. *Mo–Sa 9–13.30, 14.30 bis 19, So 9–13 Uhr, Piazza Duomo*

Palazzo del Popolo

Der romanisch-gotische Bau erhebt sich auf der gleichnamigen Piazza; er war ab 1280 Regierungssitz. Die Arkaden des Untergeschosses waren ursprünglich offen, die Freitreppe wurde im 14. Jh. angebaut, um einen direkten Zugang zum großen Saal im

Obergeschoß zu ermöglichen. Heute finden im Palast vor allem Ausstellungen statt.

Palazzo Soliano

Dieser Palast gegenüber der rechten Domseite, auch Palast der Päpste genannt, wurde 1296 bis 1304 für Papst Bonifaz VIII. erbaut. Den herrlichen Saal im oberen Stockwerk erreicht man über eine lange Freitreppe. Hier sind die Schätze des *Dommuseums* ausgestellt *(wegen Neuordnung geschlossen)*. Im Erdgeschoß befindet sich das *Museum Emilio Greco* mit einer Sammlung von Skulpturen und Grafiken, die der Künstler der Domtüren 1980 der Stadt vermachte. *Di–So 10.30–13 Uhr, April bis Sept. auch 15–19 Uhr, sonst 14 bis 18 Uhr, Piazza Duomo*

Pozzo di San Patrizio

Als Papst Clemens VII. sich 1528 in die Festung von Orvieto flüchtete, ließ er vom berühmten Festungsbaumeister Antonio di Sangallo d. J. einen Brunnen bauen, um die Wasserversorgung der Rocca sicherzustellen. Zwei gegenüberliegende Portale geben Einlaß zu Rampen, die mit jeweils 248 bequemen Stufen in die Tiefe führen, 72 große Fenster öffnen sich zur Brunnenröhre. Das zylindrische Bauwerk ist 61,32 m tief und im äußeren Durchmesser 12,16 m breit – ein architektonisches Meisterwerk. *1. März–30. Sept. 9.30–19 Uhr, sonst 10–18 Uhr, Viale Sangallo*

S. Domenico

Das großartige Grabmal des Kardinals de Braye ist ein bedeutendes Werk gotischer Bildhauerkunst, 1283–1286 von Arnolfo di Cambio, dem Architekten des Florentiner Doms, geschaffen. (Die Kirche wird zur Zeit restauriert.) *Piazza S. Domenico*

S. Giovenale

Besonders reich mit Fresken (11.–14. Jh.) ausgestattet. Mit interessanten Reliefs geschmückter Altar. *Piazza San Giovenale*

S. Lorenzo de Arari

Romanische Kirche, mit zahlreichen Fresken ausgemalt. *Via Ippolito Scalza*

S. Maria Assunta

★ Der Dom von Orvieto gilt als eine der prachtvollsten Kirchen Italiens; seine imposante Größe, die schwarz-weiße Streifung (Basalt und Tuffstein), die herrliche

---

Damit sich die Esel nicht begegnen

Als Papst Clemens VII. nach dem Sacco di Roma 1528 aus der Engelsburg in die Festung nach Orvieto flüchtete, ließ er einen 62 m tiefen Brunnen in den Felsen graben, um die Wasserversorgung sicherzustellen. Bauleiter war Antonio da Sangallo d. J., der das Problem genial löste: Über zwei sich nicht berührende Treppen konnten die Esel hinabsteigen, während andere Esel das Wasser hinaufschafften, ohne daß sie sich begegneten. Ob der Papst wohl gewußt hat, daß die Idee der getrennten Treppen ursprünglich von Leonardo da Vinci stammte und für ein Bordell bestimmt war?

Fassade und die Ausstattung des Innenraums mit außergewöhnlichen Fresken rechtfertigen dieses Urteil. Mit dem Bau des Doms wurde 1288 begonnen, nachdem die beiden alten Kathedralen S. Maria und S. Costanzo abgerissen worden waren. Die Fassade wurde nach einem Gesamtschema von Lorenzo Maitani unter Mithilfe von Arnolfo di Cambio, Andrea Pisano und anderen namhaften Künstlern der Epoche im Laufe des 14. Jhs. ausgeführt; Orcagna meißelte die herrliche Rose 1354–1366. Viele der Mosaiken wurden jedoch erst im 16. Jh. angebracht und seitdem mehrmals erneuert, sie stellen Szenen aus dem Leben Mariä dar, die älteste Darstellung »Mariä Geburt« über dem rechten Seitenportal stammt aus dem 14. Jh. In der Lünette über dem schönen Mittelportal eine Marmorgruppe »Maria mit Kind« von Andrea Pisano (1347); die Bronzetüren des Hauptportals wurden 1964–70 von Emilio Greco für den Dom geschaffen. Besonders muß auf die Marmortafeln der Sockelzone hingewiesen werden. Hier sind eindrucksvoll, einige nach Manier der Buchmalerei von Ranken umgeben, Szenen aus dem Alten und Neuen Testament dargestellt. Diese Reliefarbeiten zählen zu den bedeutendsten mittelalterlichen Plastiken in Umbrien, Lorenzo Maitani schuf sie mit seinen Gehilfen 1320–30.

Auch der große Innenraum mit seiner bemalten Balkendecke, den gestreiften Säulen, kunstvoll skulptierten Kapitellen, dem herrlichen Glasfenster und den Fresken im Presbyterium ist reich mit Kunstschätzen ausgestattet.

Höhepunkte bergen die Kapellen der Querarme: Links die Cappella del Corporale wurde 1357–64 von Ugolino di Prete ganz mit Fresken ausgemalt, die die Wunder von Bolsena darstellen. Die Bilder erzählen die Geschichte des böhmischen Priesters, der an der Umwandlung des Weins in das Blut Christi zweifelte. Als er in einer Kirche am Bolsena-See die Messe las, tropfte Blut auf das Corporale, das Meßtuch. Dies war der Beginn der Tradition der Fronleichnamsfeste, die Papst Urban IV. einführte, als er vom Wunder erfuhr. Im Altar wird das Reliquiar mit dem blutbefleckten Meßtuch in einem 1,40 m hohen Reliquienschrein, der mit seinen Emailletafeln zu den kostbarsten Goldschmiedearbeiten des 14. Jhs. gehört, aufbewahrt. Ein schönes Marmortabernakel von Nicolò da Siena und Andrea Orcagna (1358), die große Schutzmantelmadonna von Lippo Memmi (1320) und das Grabmal des Bischofs Vanzi (1571) vervollständigen die Ausstattung der Kapelle.

Die gegenüberliegende Cappella Nuova, auch Cappella di San Brizio genannt, wurde 1447 zuerst von Fra Angelico und Benozzo Gozzoli, dann in den Jahren 1499–1504 von Luca Signorelli mit Fresken ausgemalt. Das ungewöhnliche Thema erregte schon damals Aufsehen: Dargestellt ist die Geschichte des Antichrist und das Ende der Welt. In den Medaillons der Sockelzone Porträts griechischer und römischer Philosophen und Dichter sowie Szenen aus Dantes »Göttlicher Komödie«. Signorellis Fresken waren für die Entwicklung der Renaissancemalerei von großer Bedeutung: Zum ersten Mal wurde hier der menschliche Körper in allen Stellungen anatomisch richtig dargestellt. *Mo–Sa 10–12.45, 14.30 bis 17.15 (April–Sept. bis 19.15) Uhr; So u. feiertags 14.30–17.45 (Juli–Sept. bis 18.45) Uhr, Piazza del Duomo*

Tempio del Belvedere
Wenige Schritte vom Pozzo di San Patrizio entfernt sind noch die Reste eines 1920–23 ausgegrabenen etruskischen Tempels zu sehen.

RESTAURANTS

Girarrosto del Buongustaio
Landgasthaus mit großer Terrasse und herrlichem Blick auf Orvieto, etwa 3 km westlich an der Straße nach Bolsena. Gute lokale Küche, Holzofengrill, hausgemachte Pasta und Süßspeisen. *Ortsteil Tamborino, Tel. 07 63 34 19 35, Mi und Jan. geschl., Kategorie 3–2*

La Grotta
Das älteste Gasthaus Orvietos mit großer Auswahl an Weiß- wie Rotweinen und guter lokaler Küche. *Via Luca Signorelli (nahe Piazza Repubblica), Mo, Di und Jan. geschl., Kategorie 3–2*

Grotte del Funaro
Originelles Restaurant, direkt in die Tuffsteingrotten eingebaut; Spezialitätenküche, Pizza, am späten Abend auch Pianobar. *Via Ripa Seranicia (bei S. Giovanni), Tel. 076 34 34 32 76, Mo und Juli geschl., Kategorie 1–2*

La Palomba
Typische, gemütliche Trattoria mit bester Küche. Bei der Piazza della Repubblica. *Via Ciprio Manente 16, Tel. 07 63 34 33 95, Mi geschl., Kategorie 2*

Il Moro
Einfache Trattoria mit hausgemachter Pasta, köstlichen Nachspeisen und gutem Hauswein. *Via S. Leonardo 7, Fr u. 1.–15. Juli geschl., Kategorie 2*

Al Pozzo Etrusco
Trattoria, abends Holzofen-Pizza, über einer Tuffsteingrotte, die man besichtigen kann. *Piazza de Ranieri 1, Mi geschl., Kategorie 3*

Kühne Renaissance-Architektur versorgte Orvieto mit Wasser aus 62 m Tiefe

Il Sant'Andrea

✺ 🏃 Eisdiele und Bar – bis 2 Uhr nachts auch Pianobar – mit hübscher Terrasse zur belebten Piazza della Repubblica. *Mo geschl.*

EINKAUFEN

In Orvieto kann man herrlich einkaufen! Die Stadt ist seit dem Mittelalter berühmt für Keramikarbeiten, die *cocci*; Klöppelspitzen und allerlei Holzarbeiten gehören ebenfalls zu den Spezialitäten – und natürlich der berühmte Weißwein. Do und Sa ist Markt auf der Piazza del Popolo, Lebensmittelgeschäfte haben Mi nachmittags geschlossen.

Carraro

✺ Ein vollkommenes Feinkostsortiment. *Corso Cavour 101*

Jolanda Artigianato

Hübsche Keramiken und geschmackvolle Souvenirs. *Via del Duomo 66/68*

Michelangeli

Handgeschnitzte Türen, Sessel, Spielzeug aus Holz und ausgefallen schöne Puppen. *Via Gualviero Michelangeli 3 und Piazza Duomo 32*

Il Pianoforte

Zucchero, Gianna Nannini … hier sind alle auf Platte und CD. *Via Garibaldi 3–5*

Gli Svizzeri

Verführerisch großes Angebot an Süßigkeiten. *Corso Cavour 35*

Wein

Das Anbaugebiet des berühmten Weißweins aus Orvieto reicht inzwischen vom Lago di Alviano bis an die Grenze zum Chianti; will man sicher sein, Wein aus der historischen Anbauzone um Orvieto zu bekommen, muß auf die Bezeichnung »Classico« geachtet werden. Den trockenen *secco* und den lieblichen *abboccato* bekommt man bei der *Azienda Agricola Freddano (Corso Cavour 271)* und in der *Enoteca La Loggia (Via Mercanti 6)*.

HOTELS

La Badia

Eine herrlich zu Füßen Orvietos gelegene Abtei aus dem 12. Jh., die sich die Päpste im 15. Jh. als Sommerresidenz erkoren. In den prächtigen Räumen ist heute eines der schönsten Hotels Italiens untergebracht. Schwimmbad, Tennisplätze, gepflegtes Restaurant *(Mi u. Okt.–März geschl.) 26 Zi., an der Umgehungsstraße im Süden der Stadt (Jan. u. Feb. geschl.), Tel. 076 33 01 95, Fax 07 63 30 53 96, Kategorie 1*

Fattoria Titignano

Weinberge und Olivenhaine, gemeinsame Tafel im Schloß – eine fürstliche Variante des »Turismo Verde«. *9 Zi, Orvieto, Loc. Titignano, Tel. u. Fax 07 63 30 85 22, Kategorie 3*

Grand Hotel Reale

Alter Charme in den prachtvollen Räumen eines Patrizierpalastes – ein Hotel, von dem schon Hemingway schwärmte. Ohne Restaurant. *32 Zi.; Piazza del Popolo, Tel. Fax 07 63 34 12 47, Kategorie 2*

Maitani

Etwas überladene Räume, aber schöne Frühstücksterrasse mit Blick auf den Dom. *40 Zi. Via*

Maitani 5, Tel. Fax 07 63 34 20 11, Kategorie 1

Villa Ciconia

Außerhalb (6 km östlich, jenseits der Autobahn) in herrlichem Park gelegene Villa aus dem 16. Jh. Große Zimmer, freundlicher Service und gutes Restaurant *(Mo geschl.) 10 Zi., 05019 Orvieto Scalo, Tel. 076 39 29 82, Fax 076 39 06 77, Kategorie 1–2*

Virgilio

Bilderbuchblick auf den Dom haben die Zimmer 15, 16, 18, 24–26. *15 Zi., Piazza Duomo 5, Tel. 07 63 34 18 82, Fax 07 63 34 37 97, Kategorie 2*

SPIEL UND SPORT

Der Lago di Corbara (**113/D 5–6**) ist reich an Hechten, Karpfen und Schleien, *Angler* brauchen einen Angelschein (beim IAT erhältlich). Auf dem See sind *Surfen* und *Kanufahren* möglich. In der Schlucht Forra di Prodo ist *Wildwasserfahren* angesagt.

AUSKUNFT

IAT dell'Orvietano

Piazza Duomo 24, 05018 Orvieto, Tel. 07 63 34 17 72, Fax 07 63 34 44 33

ZIELE IN DER UMGEBUNG

Lago di Corbara   (**113/D 5–6**)

Durch die Stauung des Tiber entstand dieser landschaftlich besonders reizvoll gelegene See; Baden leider verboten. Direkt am See liegt das Hotel *Villa Bellago*, ein gepflegter Ferienkomplex mit großem Schwimmbad, Tennisplätzen, Bocciabahn, Fitneß-

räumen und angenehmem Ambiete. Beste Küche und herrliche Seeterrasse – ein ideales Feriendomizil. *(12 Zi., 05023 Baschi [TR], Tel. 07 44 95 05 21, Fax 07 44 95 05 24, Restaurant Do geschl., behindertengerecht, Kategorie 1–2)*. Nur fünf Autominuten entfernt, ebenfalls am See, liegt eines von Italiens besten Restaurants, das *Vissani*. Vorbestellung unumgänglich! *(05020 Civitella del Lago [TR], Tel./Fax 07 44 95 03 96. Mi, So abends, Juli geschl., Kategorie 1)*

Lugnano in Teverina   (**116/A 3**)

In diesem kleinen Ort liegt eine der schönsten romanischen Kirchen Umbriens, S. Maria Assunta, aus der zweiten Hälfte des 12. Jhs. Wer sich in der sanften Hügellandschaft länger aufhalten möchte, findet angenehme Unterkunft bei guter regionaler Küche im zentral gelegenen Hotel *La Rocca* mit herrlichem Blick in die Landschaft. *10 Zi., Via Cavour 60, Tel./Fax 07 44 90 21 29, Kategorie 3*

TERNI

(**117/D 3**) Terni (112 000 Ew.) liegt wunderschön in einem von Hügeln und sanft ansteigenden Bergketten umgebenen, weiten Tal. Im 19. Jh. wurde Terni, aufgrund seines Wasserreichtums durch den Zufluß zweier Gebirgsflüsse, zum Zentrum der italienischen Schwerindustrie, später auch der chemischen Industrie. Die Amerikaner flogen 1943/44 mehr als hundert Einsätze auf Terni – nur wenig blieb von der schönen alten Stadt übrig. Terni war schon in prähistorischer Zeit besiedelt. Die Römer folgten auf die Umbrer; sie nannten die an der Via Flaminia gelegene Kolonie »Interamnia«, zwischen den Flüssen Nera und Serra. Terni, umgeben von gleichförmigen Vorstädten, ist in einem Reiseführer schnell beschrieben; beim Eintauchen in die Gassen rechts und links des Corso stößt man jedoch noch auf malerische Winkel.

BESICHTIGUNGEN

Dom S. Maria Assunta
Aus dem 17. Jh. mit Portalen eines Vorgängerbaus. Auch im Innern einige romanische Architekturfragmente, schöne Gemälde und Skulpturen. Die romanische Krypta birgt die Gebeine des hl. Anastasius, des Stadtpatrons. Gegenüber dem Dom einer der schönsten Renaissancepaläste der Stadt, der Palazzo Bianchi Riccardi (*Sa 9–17 Uhr*), seitlich die Reste des römischen Amphitheaters. *Piazza Duomo*

Palazzo Fabrizzi
Der Palast aus dem 17. Jh. ist Sitz der *Pinakothek,* mit mehreren bedeutenden Gemälden, u.a. von Gozzoli und Alunno. *Via Fratini 55, Mo–Sa 10–13, 16–19 Uhr*

Palazzo Manassei
Ein mehrmals umgebauter, mittelalterlicher Palast, in dem das *Archäologische Museum,* vorwiegend mit Funden aus der Umgebung, untergebracht ist. *Piazza Carrara, Mo–Sa 8.30–13, Mo–Fr auch 16–19 Uhr*

Palazzo Spada
Der strenggegliederte, festungsartige Bau gilt als letztes Werk von Antonio da Sangallo d. J.; heute Sitz der Stadtverwaltung. *Piazza Europa*

S. Francesco
Auf dem abgeschiedenen Kirchplatz ist noch das Flair des alten Terni zu spüren. Das hübsche Café-Restaurant *Rendezvous* mit Stühlen auf der Piazza und begrüntem Innenhof ist bis 1 Uhr geöffnet. Die Kirche mit dem eleganten Campanile wurde 1265 als gotischer Bau errichtet, bis ins 17. Jh. jedoch mehrmals erweitert und umgebaut. Im Innern die Cappella Paradiso mit beeindruckenden Fresken nach Dantes »Göttlicher Komödie« von Bartolomeo di Tommaso (um 1450).

S. Salvatore
Unter der eindrucksvollen Rundkirche aus dem 12. Jh., zu deren Bau Teile früherer Gebäude verwendet wurden, hat man die Reste einer römischen Thermenanlage freigelegt – wir befinden uns in Ternis ältestem Teil. *Hinter der Piazza Europa*

HOTEL – RESTAURANT

Hotel Valentino
In Bahnhofsnähe mit angenehmem Ambiente und bekannt gutem Restaurant *Fontenella (So geschl.). 60 Zi., Via Plinio il Giovane 3, Tel. 07 44 40 25 50, Fax 07 44 40 33 35, Kategorie 2*

RESTAURANTS/CAFÉ

Oste della Mal'ora
Die richtige Osteria, um einen gemütlichen Abend zu verbringen, bei einem Glas Wein und kleinen Köstlichkeiten oder einem richtigen Menü. *Mo–Fr 18.30–1 Uhr (Winter), Mo–Sa 17–24 Uhr (Sommer), 14 Tage Mitte Aug. geschl., Via Tre Archi 5, Tel. 07 44 40 66 83, Kategorie 2–3*

Ristorante Barone Rosso
Bei der Piazza Solferino, modern, abends Holzofenpizza. *Mo geschl., Kategorie 3–2*

Café Pasticceria Pazzaglia
◉ Das älteste Café der Stadt am belebten Corso Tacito – seit 1913 nimmt »man« hier seinen Aperitif. *Di geschl.*

SPIEL UND SPORT

Bei Arrone (**117/E 2–3**) nördlich des Piediluco-Sees wird von der Brücke über den Canale Rosciano *Bungee jumping* betrieben. Auf den Stromschnellen der Nera am Wasserfall von Marmore (**117/D-E 3**) wird auf 3 km *Rafting* praktiziert. Wer es geruhsamer mag, geht auf dem Piediluco-See *Kanufahren.* An dem See haben auch *Angler* ihre Freude, in der Nera tummeln sich Forellen (Angelschein beim IAT). Auskünfte zu allen Sportarten erteilt der IAT.

AUSKUNFT

IAT del Ternano
Viale C. Battisti 5, 05100 Terni, Tel. 07 44 42 30 47, Fax 07 44 42 72 59

ZIELE IN DER UMGEBUNG

Amelia (116/B 3)
★ Auch diese Stadt (11 000 Ew.) türmt sich plötzlich auf einem Hügel auf. Einmalig ist die polygonale Mauer aus dem 5. Jh. v. Chr., die die Stadt umgibt: riesige Blöcke zu 8 m hohen und 3,5 m breiten Zyklopenmauern gefügt – fugenlos, ohne Hilfe von Bindemitteln! Die Porta Romana bildet den Zugang zur Altstadt.

Hier sind große, schattige Parkplätze. Achtung Autofahrer: Die Gassen in Amelia sind noch steiler und verwinkelter als anderswo. Man steigt und steigt in der kleinen Stadt; hinauf zum Dom mit seinem Campanile aus dem 11. Jh., zur Kirche S. Francesco (Außenmauern und Fassade mit gotischem Portal und Rosen vom ursprünglichen Bau, der Innenraum im 18. Jh. erneuert, mit einem schönen Kreuzgang) und zum Palazzo Comunale, in dessen Innenhof römische Funde ausgestellt sind.

Noch höher liegt das Carleni, Musterbeispiel eines äußerst gepflegten Restaurants, eingefügt in uralte Mauern, mit sieben schönen Zimmern. *Via Roscia 1, Tel. 07 44 98 39 25, Fax 07 44 97 81 43, vorbestellt!, Mo, Di geschl., Kategorie 2*

Einige km vom Ortskern, an der Straße Richtung Terni, das Hotel-Restaurant *Le Colonne.* Gute bodenständige Küche und – nach hinten – sieben einfache Zimmer mit herrlicher Aussicht. *Via Roma 191, Tel. 07 44 98 35 29, Restaurant Mi geschl., Kategorie 3*

Cascata delle Marmore (117/D-E 3)
★ 165 m stürzen die kanalisierten Wasser des Velino in drei mächtigen Kaskaden in die Tiefe. Seit 1924 nutzt man die freiwerdende Energie zur Stromerzeugung; das beeindruckende Naturschauspiel kann zu bestimmten Zeiten genossen werden:

Mo–Fr: 16. März–31. Mai 12–13, 16–17 Uhr; Juni und Sept. 16–17, 21–22, Sept. auch 12–13 Uhr; Juli und Aug. 12–13, 17–18, 21–22 Uhr.

Sa: (Kernzeiten) 16. März bis 30. Okt. 11–13, 15–21 Uhr, Okt. bis 20 Uhr

Cascate delle Marmore, ein Naturmonument im Dienst moderner Technik

So u. Feiertags: (Kernzeiten) 16. März bis 31. Okt. 10–13, 15–21 Uhr, Okt. bis 20 Uhr; Nov. 15–16 Uhr

Lago di Piediluco (117/E 3)

13,5 km östlich in besonders schöner Umgebung in 367 m Höhe gelegener Bergsee. Im kleinen Fischerdorf Piediluco direkt am Seeufer das Albergo-Ristorante *Eco,* mit Terrasse und Zimmern mit Seeblick *(5 Zi. Restaurant im Winter Do geschl., Tel. 07 44 36 81 24, Kategorie 3).*

TODI

(113/E 5) ★ Das Städtchen (17 000 Ew.) liegt auf einer steil zum Tibertal abfallenden Hügelkuppe. Links des Flusses gelegen, entstand hier vermutlich ursprünglich eine Siedlung der Umbrer; der Name »Tutere« und mehrere etruskische Funde lassen jedoch die Vermutung zu, daß das Gebiet bald unter etruskischen Einfluß kam.

Zur Stadtbesichtigung lassen Sie den Wagen am besten auf dem Parkplatz bei der Kirche S. Maria della Consolazione stehen und besteigen einen der regelmäßig verkehrenden Busse zur höhergelegenen Piazza Oberdan; von dort sind es nur wenige Minuten bergauf zum Zentrum.

BESICHTIGUNGEN

Dom
Trotz der klar gegliederten romanisch-gotischen Fassade mit schöner Rose und kunstvoll verzierten Portalen macht der Dom (12.–14. Jh.) mit dem mächtigen Campanile einen eher trutzigen Eindruck. Das dreischiffige Innere wird durch acht Säulen und acht Pfeiler (im Wechsel) mit besonders interessanten Kapitellen gegliedert. An der Innenseite der Fassade ein großes Fresko »Jüngstes Gericht« von Ferraù da Faenza (1596); weiter sind hervorzuheben im Presbyterium ein

gemaltes Holzkruzifix aus dem 13. Jh. und ein besonders reich mit Intarsien verziertes Chorgestühl (1530); auf der rechten Seite ein schönes Taufbecken (15. Jh.) und ein gotisches Tafelbild »Madonna mit Kind« *(Mai–Sept. 8.30–12.30, 14.30–18.30, Okt. bis April nachm. bis 16.30 Uhr)*. Eindrucksvoll sind die Krypta und lange Gänge im Untergeschoß; zur Straßenseite hin wurden hier Läden untergebracht. Hinter dem Dom rechts der restaurierte Palazzo Vignola (jetzt »delle Arti«) aus dem 16. Jh., der für Ausstellungen genutzt wird.

Piazza del Popolo

✺ Die vom hoch gelegenen Dom gekrönte Piazza mit ihren Cafés und Geschäften ist das Herz und die gute Stube der Stadt – ein einmaliges städtebauliches Ensemble. Im Süden der Piazza ragt der zinnenbewehrte Palazzo dei Priori (Ende 13. Jh.) mit seinem mächtigen Turm. Gegen Osten öffnet sich die Piazza Garibaldi mit einer ✹ Aussichtsterrasse. Der Palazzo del Popolo (1213 bis 1233) hat Schwalbenschwanz-Zinnen und eine offene, zweischiffige (Markt-)Halle im Erdgeschoß. Eine vor der Fassade des danebenliegenden Palazzo del Capitano (um 1290) aufsteigende Freitreppe führt in die oberen Räume des Palazzo del Popolo (1213) und in die große Halle des Palazzo del Capitano mit ihren eleganten gotischen Fenstern. Im Palazzo del Popolo ist die *Pinakothek,* im Obergeschoß des Palazzo de Capitano das *Museum für Stadtgeschichte (tgl. außer Mo vorm. immer 10.30–13 Uhr, nachm. April–Aug. 14.30–18, März u. Sept. 14–17 und Okt.–Feb. 14.30–18 Uhr).*

S. Fortunato

Eine breite, dreigeteilte Treppe mit dem Denkmal des Dichters Giovanni da Todi führt hinauf zur höchsten Stelle des Stadthügels, auf den die dem Stadtpatron geweihte Kirche in zwei Bauabschnitten von 1292 bis 1463 gebaut wurde. Die Fassade mit ihrem herrlichen Mittelportal wurde nur im unteren Teil vollendet. Im Innern der lichten, gotischen Hallenkirche ein besonders zartes Fresko von Masolino da Panicale »Madonna mit Kind« (1432) und weitere gute Fresken, einige aus der Schule Giottos *(April–Sept. 8.30–12.30 u. 15–19 Uhr, Okt.–März 9.30–12.30 u. 15–17 Uhr, Mo nachm. geschl.). Piazza Umberto I.*

S. Maria della Consolazione

Die herrliche Renaissancekirche, Grundsteinlegung 1508, auf halber Höhe zur Stadt auf einem Grasplatz gelegen, wurde lange Zeit Bramante, dem Begründer der Hochrenaissance, zugeschrieben. Aber es waren Peruzzi, Vignola und Antonio da Sangallo d. J., die bis 1584 am Bau dieser Kirche mitwirkten. Im kleeblattförmigen Innenraum mit seiner hohen Kuppel der Hochaltar mit einem wundertätigen Madonnenbild; die schwungvolle Barockausstattung steht in krassem Gegensatz zur geradezu asketischen Nüchternheit des Raums *(April–Sept. 9–13 u. 15–18 Uhr, Okt. bis März nur 10–12 Uhr).*

RESTAURANTS

Ristorante Umbria

Eines der besten Restaurants der Gegend. Im Winter speist man in einem schönen Gastraum, im Sommer auf einer großen ✹

Terrasse. *Via S. Bonaventura 13 (hinter dem Palazzo del Popolo), Tel. 07 58 94 23 90 (vorbestellen!), Di und Mitte Dez.–Mitte Jan. geschl., Kategorie 1*

Trattoria Jacopone

⊗ Eine einfache Trattoria in historischen Räumen, wo noch die ganze Familie um das Wohl des Gastes besorgt ist. Gute, lokale Küche. *Piazza Jacopone 5, Tel. 07 58 94 23 66, Mo u. Juli geschl., Kategorie 2–3*

ÜBERNACHTUNG

Bramante

Unterhalb der Kirche S. Maria della Consolazione, ursprünglich ein Nonnenkloster des 14. Jhs., heute ein im Grünen gelegenes, stilvolles Hotel mit Tennisplatz und Swimmingpool. *43 Zi., behindertengerecht, Via Orvietana 48, Tel. 07 58 94 83 82, Fax 07 58 94 80 74, Kategorie 1*

Fonte Cesia

Ein angenehmes, modernes Stadthotel mit allen Bequemlichkeiten. Behindertengerecht, *32 Zi., Via Lorenzo Leoni 3 (Piazza Jacopone), Tel. 07 58 94 37 37, Fax 07 58 94 46 77, Kategorie 1*

Pensionato Santissima Annunziata

Zwölf Suore Serve di Maria Riparatrici in einem eleganten Kloster mit 34 freundlichen Zimmern kümmern sich um das Wohl des Gastes. Innerhalb der Porta Perugina. *Via S. Biagio 2, Tel. u. Fax 07 58 94 22 68, Kategorie 3*

AUSKUNFT

IAT del Tuderete

Piazza Umberto I, 6, 06059 Todi, Tel. 07 58 94 33 95, Fax 07 58 94 24 06

ZIELE IN DER UMGEBUNG

Carsulae (116/C 2)

★ Das römische Municipium *(frei zugänglich)* wurde breitflächig freigelegt: Thermen, ein Teil des Forums, Zwillingstempel, Reste eines Theaters und ein Stück der gepflasterten Via Flaminia sind zu sehen. Anfahrt über eine steile Straße von San Gemini aus oder von Süden auf schöner Straße über Cesi. Am Wochenende geben sich auf dem landschaftlich schön gelegenen Platz Ternis Jugendliche ein laut-motorisiertes Stelldichein.

SS. Fidenzio e Terenzio (113/F 5)

Die Abtei aus dem 11. Jh. lohnt einen Ausflug nach Massa Martana.

Foresta Fossile (113/E 6)

Versteinerter Wald bei Avigliano Umbro, mit über 1,5 Mio. Jahre alten Stämmen. Das Gebiet kann nur im Rahmen von Führungen besucht werden. *(7. April bis 30. Juni So u. feiertags 11 u. 15 Uhr, 6. Juli–30. Sept. Mo–Sa 17 Uhr, So u. feiertags 9, 11, 16 u. 20 Uhr, Tel. 07 44 93 35 21).*

Heilbäder

Acquasparta und San Gemini (**116/C 2**) sind bekannte Heilbäder mit schönen Kuranlagen sowie charakteristische mittelalterliche Städtchen mit sehenswerten Kirchen und Palästen.

In S. Gemini Fonte empfiehlt sich unter alten Bäumen das Hotel-Ristorante *All'antica Carsulae (7 Zi., Tel. 07 44 63 01 63, Fax 07 44 63 01 64, Restaurant Kategorie 2, Hotel Kategorie 3).*

Umbrien genießen

Die hier beschriebenen Routen sind in der Übersichtskarte im vorderen Umschlag und im Reiseatlas ab Seite 108 grün markiert

① WEIN, ROSEN, RÖMER UND EIN FESTMAHL IN EINEM DER BESTEN LOKALE ITALIENS

Italien ist als Weinland bekannt, auch in Umbrien wachsen ganz vorzügliche Weine. Dekorationen an Kirchen und Klöstern zeugen davon, daß schon die Römer auf den weiten Hochebenen Reben züchteten. Die rund 220 km lange Route führt in anderthalb Tagen von Orvieto zu zwei berühmten, ganz unterschiedlichen Weingütern, zu einer großen Rosenzüchterei und zu dem Restaurant, von dem Kenner behaupten, es sei das beste ganz Italiens. Die Fahrt streift den Lago di Corbara und den Lago di Alviano. Von Amélia aus begeben Sie sich am nächsten Tag noch auf die Spuren der alten Römer.

Vom hoch gelegenen *Orvieto (S. 77)* aus fahren Sie hinab nach Orvieto Scalo, unter der Autostrada hindurch und sofort links auf die SS 71 Richtung Ficulle. Die Straße führt in sanften Kurven in die Höhe, die Aussicht zur Rechten reicht weit bis zu der über tausend Meter hohen Bergkette, die das Tal des Tiber vom Págliatal trennt; besonders im Frühling sind die schneebedeckten Gipfel ein zauberhafter Anblick. Nach etwa 14 km (der kleine Ort Bagni liegt auf halber Strecke) tauchen im Tal die trutzigen Türme des *Castello della Sala* auf. Scharf links nach unten abbiegend, erreichen Sie nach wenigen Metern die (zweite) Auffahrt zur Burg. Wenn Sie an der wuchtigen Pforte läuten, werden Sie von einem freundlichen Angestellten empfangen und in das unterirdische Reich der Grotten, Gewölbe und Keller geführt. Castello della Sala ist im Besitz der Antinori, »Weinmacher in der Toscana seit 1385«, wie in einem alten Dokument geschrieben steht. Das Castello ist nur wenig älter als die Winzerdynastie. 1350 wurde es von Angelo Monaldeschi della Vipera, einem Nachfahren Karls des Großen, erbaut. Fast sechshundert Jahre blieb der Besitz in derselben Familie (!), 1940 erwarb Piero Antinori das mittlerweile völlig verfallene Anwesen mit 130 Hektar Land, auf dem schon die Etrusker Reben gepflanzt hatten. Bereits 1960/61 gehörten die Weine von Castello della Sala zur italienischen Spitzenklasse. Sie können Wein vor Ort kaufen und sich größere Mengen nach Hause schicken lassen. Die Preise pro Flasche liegen zwischen 25 000 und 60 000 Lire. An die Kellerbesichtigung läßt sich eine Schloßbesichtigung anschließen *(Mo–Fr 8.30–17.30 Uhr; im Winter ist es ratsam, vorher anzurufen, Tel. 076 38 60 51)*. Nun fahren Sie wieder zurück Richtung Orvieto, biegen aber in Ciconia noch vor der Brücke scharf links auf die 79 bis Richtung Cerreto/Todi ab, eine wunderschöne Straße, die sich in Kurven in die Höhe windet. Nach nur 10 km zweigt rechts – jetzt schon in 500 Meter Höhe – eine kleine Straße Richtung Fossatello ab. Nach wenigen Metern sehen Sie zwischen ausgedehnten Weinbergen rechts eine Häusergruppe liegen, die *Fattoria Decugnano dei Barbi:* neue, im traditionellen Stil errichtete Gebäude, die sich unter einer Baumgruppe ducken, schön, aber ohne Burgromantik. Auch hier ein freundlicher Empfang, auch hier zeigt man die Keller, in denen der Wein in kleinen Barriques und modernen Stahlbehältern lagert. Der Stolz des Hauses reift in kühlen Tuffsteingrotten, der Decugnano Brut, ein ganz erstklassiger Schaumwein. Auch hier gehören die Weine zur absoluten Spitzenklasse – und sie sind erheblich preiswerter. Sie können die Weine kosten, auch hier direkt kaufen oder sich ein Sortiment zusammenstellen und direkt nach Hause schicken lassen *(Azienda Agricola Decugnano dei Barbi, Fossatello di Corbara, 05019 Orvieto, Tel. 07 63 30 82 55, Fax 07 63 30 81 18)*. Nachdem Sie die Fattoria verlassen haben, biegen Sie rechts in die Staubstraße Richtung Corbara ein, fahren abwärts und bei der ersten scharfen Rechtskurve geradeaus dem Schild *Walter Branchi – Le Rose*

nach. Die Züchterei ist *Mi, Fr u. Sa von 9–12.30 und von 15.30 bis 18.30 Uhr geöffnet (im Winter nachmittags 14.30–17.30 Uhr), So auf tel. Anfrage (Tel./Fax 07 63 30 41 54, E-Mail: w.branchi@bartoli.com)*. Die Spezialität Walter Branchis sind alte französische, vor allem aber China-, Tee- und Noisette-Rosen: Raritäten – und eine wahre Fundgrube für den Rosenliebhaber! (Sind Sie während einem der letzten beiden Wochenenden im Januar oder einem der ersten zwei Februarwochenenden unterwegs, können Sie an einem eintägigen Seminar über Rosenpflege und -schnittechnik teilnehmen.) Sie verlassen das Rosenparadies und fahren den letzten Kilometer hinunter nach *Corbara*. Eine riesige Staumauer schließt den See *(S. 83)* nach Osten hin ab. An ihrem Fuß führt eine Furt durch das Tal und über den Tiber auf die gegenüberliegende Seite – ein wenig abenteuerlich, jedoch völlig ungefährlich. Nur nach ausgiebigen Regenfällen wird die Schleuse manchmal geöffnet und das Tal überflutet. Dann bleibt Ihnen, um auf die Südseite und weiter nach Civitella zu gelangen, nichts anderes übrig, als von Corbara die hübsche Landstraße zwischen Feldern zurück nach Orvieto Scalo zu fahren und dort auf die SS 448 Richtung Todi einzubiegen – leider ein Umweg von 40 km. Sie fahren 5 km an der Südseite des Sees entlang und dann hoch nach *Civitella del Lago*. Gleich an der Dorfeinfahrt rechts bietet sich eine erste Einkehrmöglichkeit: das Ristorante *Trippini* mit ausgezeichneter Küche und herrlichem Blick weit über den Lago di Corbara *(Mo geschl.,*

Tel. 07 44 95 03 16, Kategorie 1–2).
Wenn Sie die Seestraße jedoch nicht verlassen, kommen Sie 1,5 km nach der Abfahrt Civitella zu einem der großen Gourmettempel Italiens: Links am Ufer liegt das *Vissani (So abends, Mi u. Do mittags geschl., Tel./Fax 07 44 95 03 96, Vorbestellung unerläßlich, Kategorie 1).* Jedes Jahr erkocht sich Maestro Gianfranco zwei Sterne im Michelin. Das Ambiente ist vom Feinsten – der Preis für ein entsprechendes Menü (um 200 000 Lit) allerdings auch. Wenn Ihnen nicht nach kulinarischen Höhenflügen zumute sein sollte, verlassen Sie den See und fahren auf die SS 205 Richtung Baschi Amelia. Etwa zwei Kilometer nach Baschi führt eine Straße rechts hinab zum *Lago di Alviano (S. 14),* den man in der Ferne blinken sieht. Sie fahren 4 km am Tiber entlang bis zum nördlichen Ende des Lago di Alviano. Um den See, wie der Lago die Corbara durch Stauung des Tiber entstanden, wurde ein 500 ha großes Vogelschutzgebiet eingerichtet. Um die Vögel zu beobachten, fahren Sie bis zum Parkplatz und folgen den Wegweisern zu den Beobachtungstürmen, von denen die meisten im Schilfgürtel am nördlichen Ende des Sees stehen. Anschließend fahren Sie weiter den See entlang, dann bergauf, auf der SS 205 wieder rechts, hinauf nach *Lugnano in Teverina (S. 83).* Die engen Gäßchen, die eindrucksvollen Paläste und vor allem die wunderschöne Kirche S. Maria Assunta (12. Jh.) lohnen den kleinen Abstecher. Nur noch 12 km trennen Sie jetzt vom hoch gelegenen *Amelia (S. 85),* wo Sie, nach insgesamt rund 140 km Fahrt, übernachten können: Es

gibt zwei (preislich unterschiedliche) Hotels, in denen Sie nicht nur gut schlafen, sondern auch gut essen *(S. 86).* Vielleicht können Sie im wunderschönen Teatro Sociale am Abend ein Konzert hören – es wird seit 1784 fast ohne Unterbrechung bespielt. Am Morgen geht es nach der Stadtbesichtigung auf der SS 205 weiter ins 15 km entfernte *Narni (S. 75).* Am Fuß des auf einem Hügel gelegenen Ortes kreuzen sich zwei der römischen Konsularstraßen: Die Via Tiberina legt sich in einem Bogen westlich in der bewaldeten Schlucht der Nera um den Felsen, während die Via Flaminia, am Augustus-Bogen (links im Tal) vorbei, nach oben und mitten durch Narni führt. Fahren Sie die Via Flaminia (SS 205) hoch, und lassen Sie den Wagen auf der zentralen Piazza Garibaldi stehen. Der Gang durch das Städtchen wird 1–2 Stunden in Anspruch nehmen. Weiter fahren Sie über die Via Flaminia und erreichen nach 15 km *Otricoli (S. 77).* Hinter der Ortsausfahrt rechts, halb verdeckt durch Büsche, steht ein schmales, blaues Schild mit weißer Schrift: »Zona archeologica« – hier lag *Ocriculum,* einst eine wichtige römische Stadt, einige Bauwerke erblickt man auf grüner Wiese heute noch. Folgen Sie dem Feldweg, bis Sie nach 500 Metern auf einen größeren Platz kommen. Hier müssen Sie den Wagen stehenlassen und zu Fuß auf Entdeckung gehen. Ruinen, in Wiesen gebettet, ein kleiner Bach – ein idealer Ort zum Picknicken. Von hier sind es nur noch 8 km zur Autostrada (Auffahrt Magliano Sabina) und dann eine weitere Stunde bis Orvieto.

② TRÜFFEL, SCHWEINERNES UND LINSEN IN TRAUMHAFTER BERGWELT

Ein Tagesausflug von Spoleto nach Norcia, über eine kurvenreiche, aber angenehme Straße mit herrlicher Aussicht hinauf zum Piano Grande, einer grandiosen Ebene in 1450 m Höhe, und zum kleinen Bergdorf Castelluccio (insgesamt ca. 150 km). Besonders im Frühjahr bietet das 1300 ha große Karstbecken mit einer Vielfalt von wilden Blumen ein unvergeßliches Fest der Farben.

Die Norcini behaupten, jetzt erreichte man Norcia von *Spoleto (S. 65)* in 25 Minuten. Das ist natürlich übertrieben, aber der 6 km lange Tunnel unter dem Monteluco hat die Valnerina *(S. 72)* beträchtlich näher an Spoleto gerückt. In der Valnerina wendet man sich nordwärts bis Triponzo, wo rechts die SS 320 Richtung Norcia abgeht. Die schöne Gebirgsstraße windet sich – teilweise unter Galerien – 11 km durch das enge Wildbachtal, bis rechts die Straße nach Cascia abgeht. Sie fahren jedoch weitere 7 km bergaufwärts bis zur Porta Romana von *Norcia (S. 61)*, wo Sie Ihren Wagen abstellen können, um durch die Stadt zu bummeln. Der besonders liebenswerte Ort, einst ein wichtiger Handelsplatz zwischen Neapel und Ancona, ist ein verträumtes architektonisches Kleinod und ein Mekka der Gourmets. Das Ristorante *Granaro del Monte (S. 63)* bei der Piazza S. Benedetto steht für beides.

Ob Sie Ihren Ausflug tatsächlich auf den *Piano Grande (S. 64)* ausdehnen können, hängt von der Witterung ab. Im Winter ist die Hochebene unter Schnee begraben, im Frühjahr und Herbst dagegen macht manchmal dichter Nebel die Fahrt wenig lohnend. Erkundigen Sie sich, in Norcia ist man gewohnt, »oben« anzurufen. Um zum Piano Grande zu gelangen, wird Norcia Richtung Süden umfahren, bis die Straße links abbiegt und die folgenden 20 km in weit ausholenden Kehren mit traumhaften Ausblicken auf 1550 m ansteigt. Dann eine leichte Linkskurve – und den Anblick, der sich Ihnen nun bietet, werden Sie wohl nie vergessen: So weit das Auge reicht, dehnt sich eine Hochebene, im Frühling ein einziger Blumenteppich, gegen Osten abgeschlossen von den sanft gerundeten, meist noch schneebedeckten Gipfeln der über 2000 Meter hohen Monti Sibillini. Auf der acht Kilometer langen und zwei bis drei Kilometer breiten Fläche steht kaum ein Haus, Baum oder Strauch, nur Rinderherden und Schafe weiden, und am Himmel schweben wie bunte Schmetterlinge die Drachenflieger. Eine schmale Straße führt abwärts und durchschneidet die Ebene schnurgerade 6 km bis zum nördlichen Ende, wo sich auf einer Felsnase die Häuser des winzigen Ortes *Castelluccio (S. 64)* drängen. An den Rändern des Tals wachsen die in ganz Italien begehrten wilden Linsen, die *lenticchie di Castelluccio*. Wie Kräuter und Tees kann man sie im Dorfladen kaufen. Viele Legenden ranken sich um die Ebene, und am abendlichen Kaminfeuer im *Albergo Sibilla (S. 65)* werden sie zum besten gegeben. Über Norcia fahren Sie auch wieder nach Spoleto zurück.

Von Auskunft bis Zoll

Hier finden Sie kurzgefaßt die wichtigsten Informationen für Ihre Umbrien-Reise

AUSKUNFT

Staatliches Italienisches Fremdenverkehrsamt ENIT

– 10178 Berlin, Karl-Liebknecht-Str. 34, Tel. 030/247 83 97/8, Fax 247 83 99
– 60329 Frankfurt/M., Kaiserstr. 65, Tel. 069/23 74 34, Fax 23 28 94
– 80336 München, Goethestr. 20, Tel. 089/53 13 17, Fax 53 45 27
– 1010 Wien, Kärntnerring 4, Tel. 01/505 16 30, Fax 505 02 48
– 8001 Zürich, Uraniastr. 32, Tel. 01/211 36 33, Fax 211 38 85
Prospekte über Tel. 0190/79 90 90

IAT – Servizio Turistico Territoriale

Die Adressen der regionalen Büros finden Sie unter Auskunft in den jeweiligen Ortskapiteln.

AUTO

Vorgeschriebene Papiere sind Führerschein und Fahrzeugschein, empfohlen werden die grüne Versicherungskarte und eine Vollkasko- und Insassenversicherung bzw. ein Auslandsschutzbrief. In Italien gelten im allgemeinen die gleichen Straßenverkehrsbestimmungen wie in Deutschland, es gibt allerdings einige Abweichungen. Die Höchstgeschwindigkeiten betragen normalerweise für Pkw auf Autobahnen 130 km/h, auf Schnellstraßen 110 km/h, auf normalen Straßen 90 km/h, in geschlossenen Ortschaften 50 km/h.

Die Italiener fahren gern schnell – man sollte sich aber trotzdem nicht herausfordern lassen: Gerät man in eine Radarfalle, können sofortiger Führerscheinentzug und eine Strafe bis zu 1 Mio. Lire die Folge sein!

Mit der Promillegrenze von 0,8 verhält es sich ähnlich: Kein Italiener hält sich daran; wird man aber einmal (auch unschuldig) in einen Unfall verwickelt, kann das Glas zuviel teuer werden – Führerscheinentzug und eine Strafe bis 2 Mio. Lire! Anschnallpflicht besteht auch in Italien.

Autobahnen sind – zumindest bis in die Höhe von Salerno – gebührenpflichtig, Schnellstraßen dagegen nicht. Um das Warten an den Mautstellen zu vermeiden, kann man beim ADAC oder an der Grenze eine Viacard zu 50 000, 100 000 oder 150 000 Lit kaufen und damit bargeldlos an Automaten der Mautstellen zahlen. Die Viacards sind zeitlich unbegrenzt gültig. Die ganz Umbrien von Norden nach Süden durchschneidende Superstrada 3 bis/E45 von Città di Castello über Perugia nach Terni – mit Abzweigungen nach Foligno bzw. zum Trasimenischen See – ist kostenlos. Von Foligno Richtung Nocera Umbra und Gualdo Tadino ist eine weitere Schnellstraße im Bau – und streckenweise schon befahrbar –, die Umbrien mit den Marken und der Adria verbinden wird.

Die Benzinpreise in Italien liegen über denen der Bundesrepublik. Bleifreies Benzin *(senza piombo* oder *verde)* kann inzwischen auch in kleinen Ortschaften gezapft werden. Die Tankstellen sind im allgemeinen werktags zwischen *7.30 und 12.30 Uhr und 15 und 19 Uhr* geöffnet, sonntags nur an Ausfallstraßen und Autobahnen. *Pannenhilfe: ACI Tel. 116, ADAC Mailand (tgl. 8–23 Uhr) Tel. 02 66 15 91*

BANKEN

Banken *(banca)* und Sparkassen *(cassa di risparmio)* sind in größeren Ortschaften *Mo–Fr 8.20–13.30* und *14.30–15.45 Uhr* geöffnet; die meisten haben Geldautomaten, wo man rund um die Uhr täglich bis 300 000 Lit abheben kann. In kleineren Ortschaften findet man keine Geldautomaten, die Schalter sind allgemein nur von *9–12.30 Uhr* geöffnet. Viele Banken in Italien akzeptieren keine Euro-Schecks mehr.

CAMPING

Wildes Campen ist verboten. Mancher Bauer, hauptsächlich in entlegenen Orten, hat aber bei freundlichem Nachfragen ein Einsehen. Es gibt in Umbrien um 30 Campingplätze, über die man durch die Federcampeggio *(Via Vittorio Emanuele 11, 50041 Calenzano, Tel. 0039-55 88 23 91)* oder durch die im Buchhandel erhältlichen Campingführer Näheres erfahren kann.

DIEBSTAHL UND VERLUST

Der Verlust von Personalpapieren oder der Diebstahl eines Fahrzeugs muß umgehend bei der nächsten Carabinieri-Wache angezeigt werden.

DIPLOMATISCHE VERTRETUNGEN

Deutsche, Österreicher und Schweizer wenden sich im Bedarfsfall an eines der Konsulate in Rom.

Bundesrepublik Deutschland
Via Siacci 2, Tel. 06 49 21 31

Österreich
Viale Liegi 32, Tel. 068 55 28 80 (Sa u. So Tel. 068 44 01 41)

Schweiz
Largo Elvezia 15, Tel. 068 08 83 61

EINREISE

Deutsche, Österreicher und Schweizer können sich mit einem gültigen Paß oder Personalausweis bis drei Monate in Italien aufhalten; für Kinder bis 16 Jahre wird ein Kinderausweis oder die Eintragung im Paß eines Elternteils verlangt. An den deutschösterreichischen und österreichisch-italienischen Grenzübergängen herrscht dank Schengener Abkommen freie Fahrt.

GESUNDHEIT

Apotheken sind *Mo–Fr 9–13,
16–20 Uhr* geöffnet, Notdienste
sind jeweils angeschlagen.

Versicherte aus EU-Ländern
benötigen von ihrer Kranken-
kasse das Formular E 111 samt
Merkblatt, damit die Kosten-
übernahme im Anspruchsfall ge-
währleistet ist.

HAUSTIERE

Für Hunde und Katzen wird ein
tierärztliches Gesundheitszeug-
nis (nicht älter als 30 Tage) und
eine Impfbescheinigung gegen
Tollwut (mindestens 30 Tage,
höchstens elf Monate alt) verlangt. In Italien besteht für
Hunde Maulkorb- und Leinen-
zwang.

MIETWAGEN

Nur in Perugia, Orvieto und Terni
ist es problemlos, kurzfristig einen
Leihwagen zu mieten. Am besten
läßt man die Reservierung durch
das Hotel besorgen oder bemüht
sich schon vor der Reise zu Hause
bei einer der großen Leihwagen-
firmen um eine Reservierung vor
Ort. Dann bekommt man vielleicht auch einen günstigen Tarif.
Bei den bekannten Vermietern
(Hertz, Maggiore, Avis etc.) kostet
ein Mittelklassewagen mit Voll-
kasko und ohne Kilometerbe-
schränkung für 7 Tage etwa 1 Mio.
Lit.

NATURPARKS

Sieben geschützte Zonen werden
in Umbrien ausgewiesen, und
die Regionalverwaltung bemüht
sich, weitere Gebiete in ihrer
landschaftlichen Eigenart zu erhalten. Zudem wurden zwei Vo-
gelschutzgebiete eingerichtet, am
Lago di Alviano und am Südufer
des Trasimenischen Sees.

Im äußersten Norden der Region, östlich von Gubbio bis zur
Grenze zu den Marken, dehnt
sich der 70 qkm große *Parco Regionale del Monte Cucco;* kurvenreiche, meist unbefestigte Straßen
ziehen sich durch die Wälder um
den 1566 m hohen, höhlenrei-
chen Monte Cucco. Etwas weiter
südlich, nahe Assisi, liegt der *Parco
Regionale del Subasio* mit seinen
Steineichenwäldern. Der *Parco
Regionale del Pausillo* erstreckt sich
zwischen dem Trasimenischen
See und Città della Pieve. Östlich
von Orvieto, entlang des Tibertals mit dem Lago di Corbara, einem Stausee, liegt das Gebiet des
Parco Regionale del Tevere. Im Süden, entlang der Valnerina, dehnt
sich der *Parco Regionale del Coscerno
Aspra* mit großen Eichen- und
Buchenwäldern. Weiter ostwärts,
in die benachbarte Region der
Marken, breitet sich der *Parco Nazionale dei Monti Sibillini* aus, eines
der größten und ältesten Natur-
schutzgebiete Italiens. Er erstreckt sich über eine Fläche von
60 000 ha mit sechs Erhebungen
über 2000 m. An der Baum-
grenze wachsen hier Rhododen-
dron, Zwergginster und Zwerg-
azaleen, aber auch Frauenschuh,
Lilien, das seltene Apennin-Edel-
weiß und wilde Narzissen – alle
geschützt. Im Spätsommer findet
man eine Vielzahl von Beeren.
Auf den Höhen hat sich der Wolf
wieder vermehrt, Hirsche, Rehe
und Wildschweine leben in den
Wäldern, die kahlen Flanken der
Berge sind ein Paradies für Adler,
Eulen und Falken.

Von jedem Telefonapparat im Land kostenlos:
Carabinieri 112,
Feuerwehr *(vigili del fuoco)* 115,
Notarzt, Polizei und Rettungswagen 113.
Pannenhilfe: Automobil Club Italiano 116, ADAC Mailand *(tgl. 8 bis 23 Uhr)* 02 66 15 91

POST

Postämter sind im allgemeinen nur vormittags geöffnet. Das Porto für einen Brief oder eine Postkarte beträgt in EU-Länder 800, in die Schweiz 900 Lit. Briefmarken *(francobolli)* erhält man auch in Bars oder Tabakgeschäften, die mit einem großen T gekennzeichnet sind.

SPORT

Das weite Tibertal bietet sich für ausgedehnte Touren mit dem Mountainbike, dem Fahrrad oder zu Pferd an. Praktisch in jedem größeren Ort werden Räder verliehen (manchmal allerdings nur während der Sommermonate). Sehr viele Guts- und Bauernhöfe, die Agriturismo betreiben, halten Pferde. Die Seen, reich an Hechten, Karpfen und Schleien, sind bei Anglern beliebt, in den Flüssen gibt es Forellen. Wassersport ist möglich, Bergsteigen und Wandern ebenso, die Hütten werden immer länger bewirtschaftet. Infos für alle sportlichen Vergnügungen erteilen die Büros des IAT, hier sind auch Angelscheine erhältlich. Geschäftsstellen des italienischen Alpenvereins: Perugia *(Via della Gabbiaia 9, Tel. 07 55 73 03 34)*, Spoleto *(Vi-colo Piancani 4, Tel. 07 43 22 04 33)*, Terni *(Via Fratelli Vervi 31, Tel. 07 44 28 65 00)*.

TELEFON

Auf dem Land telefoniert man in den mit einer weißen Telefonscheibe gekennzeichneten Bars und bezahlt manchmal noch mit Telefonmünzen *(gettoni)* zu 200 Lit oder mit normalen Münzen, meist aber mit Telefonkarten *(schede telefoniche)*. Die Telefonzellen arbeiten fast alle nur noch mit Magnetkarten (erhältlich in Bars und Postämtern zu Lit 5000, 10 000 u. 15 000). Achtung: Vor Benutzung die perforierte Ecke abreißen! Über die Nr. 172 00 49 kann ein R-Gespräch hergestellt oder mit Kreditkarte bezahlt werden (Anweisungen in deutscher Sprache). Drei Minuten nach Deutschland kosten etwa 3 Mark; zwischen 22 und 8 Uhr und am Sonntag gilt ein ermäßigter Tarif für Auslandsgespräche. Vorwahl Deutschland 0049, Österreich 0043, Schweiz 0041, Italien 0039. Innerhalb Italiens gibt es keine Vorwahlen mehr.

UNTERKUNFT

Promhotel Umbria
Jedes Hotel in Umbrien kann hier erfragt und gebucht werden. *Via Settevalli 320, 06121 Perugia, Tel. 07 55 00 27 88 (Mo–Fr 9–13, 14.30 bis 18 Uhr), Fax 07 55 00 27 89*

Agriturismo
Umbrien ist eine ideale Gegend, um Ferien auf dem Lande zu verbringen, *agriturismo* auf italienisch. Liebevoll ausgebaute und ausstaffierte Bauernhäuser werden an-

geboten, auf Weingütern wurden Nebengebäude zu Gastwohnungen eingerichtet, Schlösser und Landsitze haben ihre Tore geöffnet. Vom bäuerlichen Tisch unter der Pergola bis zur festlichen Tafel im Schloß – alles wartet auf den Gast. Schwimmbäder, Tennisplätze und Reitmöglichkeiten gehören oft zum Angebot. Einige Adressen haben wir in die Ortskapitel integriert. Ausgewählte Adressen enthalten der Katalog »Umbria in Campagna«, Strada S. Cristoforo 16, 05022 Amelia (TR), Fax 07 44 98 84 59, www.umbriaincampagna.com, und die vom Agriturist jährlich im März für ganz Italien herausgegebene »Guida dell'

Ospitalità Rurale«, zu beziehen (unter Beilage eines Eurocheques von Lit 40 000) über Agriturist, Corso Vittorio Emanuele 101, 00186 Roma, Tel. 066 85 23 38, Fax 066 85 24 24, www.agriturist.it.

ZOLL

Nach dem Wegfall der Zollgrenzen in der EU können Waren, wenn sie die für den persönlichen Gebrauch bestimmte Menge nicht übersteigen, zollfrei ein- und ausgeführt werden, z. B. 800 Zigaretten, 90 l Wein. Für die Schweiz gelten erheblich reduzierte Freimengen, u. a. 200 Zigaretten, 2 l Wein.

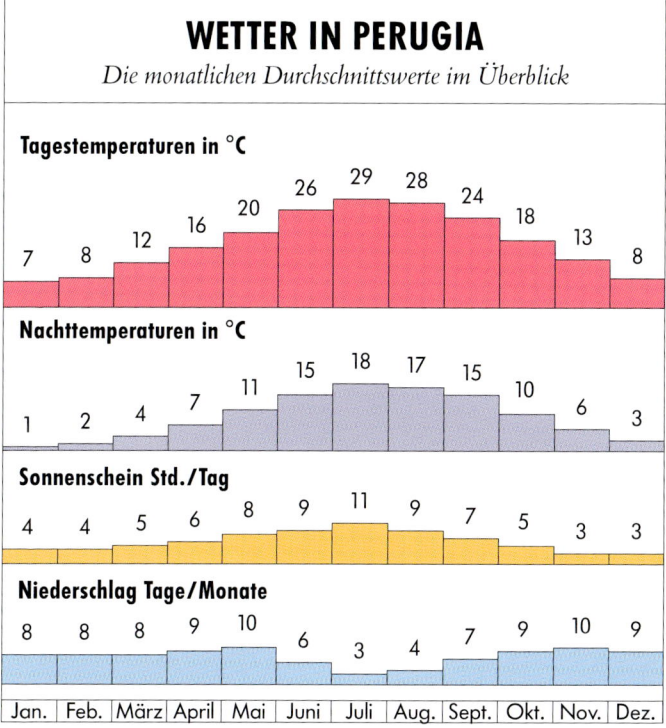

WETTER IN PERUGIA
Die monatlichen Durchschnittswerte im Überblick

Tagestemperaturen in °C
7 | 8 | 12 | 16 | 20 | 26 | 29 | 28 | 24 | 18 | 13 | 8

Nachttemperaturen in °C
1 | 2 | 4 | 7 | 11 | 15 | 18 | 17 | 15 | 10 | 6 | 3

Sonnenschein Std./Tag
4 | 4 | 5 | 6 | 8 | 9 | 11 | 9 | 7 | 5 | 3 | 3

Niederschlag Tage/Monate
8 | 8 | 8 | 9 | 10 | 6 | 3 | 4 | 7 | 9 | 10 | 9

| Jan. | Feb. | März | April | Mai | Juni | Juli | Aug. | Sept. | Okt. | Nov. | Dez. |

Bloß nicht!

*Was man auch in Umbrien beachten sollte, um seine Ferien
richtig genießen zu können*

Religiöse Gefühle verletzen

Kirchen und Klöster sollten nicht
in kurzen Hosen und schulter-
freien Kleidern betreten werden!
Vor allem das Herumgehen, Essen und Schwatzen während der
Messe ist ungehörig und verletzt
religiöse Gefühle. Dagegen ist es
ratsam, immer 500-Lire-Münzen
zu sammeln – man braucht sie,
um die Fresken in den dunklen
Kirchen zu »erleuchten«.

Langfinger herausfordern

Gelegenheiten machen Diebe!
Lassen Sie niemals Fotoapparate,
Ferngläser, aber auch keine Kof-
fer, Kleider oder Einkäufe sichtbar im Auto liegen – im Koffer-
raum sind sie besser aufgehoben.
Autoradios sollten, wenn möglich, zumindest über Nacht ausgebaut werden.

Kopie und Original verwechseln

Man kann auf Märkten modische
Schnäppchen machen – man
kann aber auch ganz ordentlich
reingelegt werden. Erwarten Sie
keine Wunder: Für 10 000 Lire
gibt es auch hier keine echten La-
coste-Hemden!

Giftigen Schlangen begegnen

Außer vielen harmlosen Schlan-
genarten lebt in Italien die giftige
Aspis-Viper. Besonders bei Spaziergängen in einsamen Gegenden sollte man darum vorsichtig

sein. Geschlossenes Schuhwerk –
hauptsächlich für Kinder! – ist
unbedingt nötig. Auch sollte man
Stein- oder Reisighaufen erst mit
einem Stock abklopfen, ehe man
sich daraufsetzt. Im Falle eines
Falles: Ruhe bewahren und auf
dem kürzesten Weg das nächste
Krankenhaus aufsuchen!

Ins erstbeste »Taxi« steigen

Wenn Sie ein Taxi nehmen, achten Sie immer darauf, daß es auch
äußerlich als solches gekennzeichnet ist – und lassen Sie sich
vor Fahrtantritt den etwaigen
Preis nennen oder aufschrei-
ben. Unliebsame Überraschungen werden so vermieden. In den
Dörfern gibt es allerdings manchmal nur Privat-Transportunter-
nehmen – hier gilt jedoch das
gleiche.

Unbekannte Pilze sammeln

Außer den begehrten Trüffeln
wachsen in den Wäldern Umbriens eine Vielzahl anderer Pilze.
Man sollte sie jedoch nur sammeln (und die Pilze vorsichtig aus
dem Boden heben, um das Myzel
nicht zu beschädigen), wenn man
absolut sicher ist, daß es sich um
eßbare Sorten handelt. Auf jeden
Fall ist es besser, die Ernte erst
von einem Einheimischen kon-
trollieren zu lassen – einige der in
Italien wachsenden Pilze kommen in Deutschland nicht vor.

Sprechen und Verstehen ganz einfach

Zur Erleichterung der Aussprache:

c, cc	vor »e, i« wie deutsches »tsch« in deutsch, Bsp.: die**c**i, sonst wie »k«
ch, cch	wie deutsches »k«, Bsp.: pa**cch**i, **ch**e
ci, ce	wie deutsches »tsch«, Bsp.: **ci**ao, **ci**occolata
g, gg	vor »e, i« wie deutsches »dsch« in Dschungel, Bsp.: **g**ente
gl	ungefähr wie in »Familie«, Bsp.: fi**gl**io
gn	wie in »Kognak«, Bsp.: ba**gn**o
sc	vor »e, i« wie deutsches »sch«, Bsp.: u**sc**ita
sch	wie in »Skala«, Bsp.: I**sch**ia
sci	vor »a, o, u« wie deutsches »sch«, Bsp.: la**sci**are
z	immer stimmhaft wie »ds«

Ein Akzent steht im Italienischen nur, wenn die letzte Silbe betont wird. In den übrigen Fällen haben wir die Betonung durch einen Punkt unter dem betonten Vokal angegeben.

AUF EINEN BLICK

Ja./Nein.	Sì./No.
Vielleicht.	Forse.
Bitte./Danke.	Per favore./Grazie.
Vielen Dank!	Tante grazie.
Gern geschehen.	Non c'è di che!
Entschuldigen Sie!	Scusi!
Wie bitte?	Come dice?
Ich verstehe Sie/dich nicht.	Non La/ti capisco.
Ich spreche nur wenig …	Parlo solo un po' di …
Können Sie mir bitte helfen?	Mi può aiutare, per favore?
Ich möchte …	Vorrei …
Das gefällt mir (nicht).	(Non) mi piace.
Haben Sie …?	Ha …?
Wieviel kostet es?	Quanto costa?
Wieviel Uhr ist es?	Che ore sono?/Che ora è?

KENNENLERNEN

Guten Morgen!/Tag!	Buon giorno!
Guten Abend!	Buona sera!
Gute Nacht!	Buona notte!
Hallo!/Grüß dich!	Ciao!
Wie geht es Ihnen/dir?	Come sta?/Come stai?
Danke. Und Ihnen/dir?	Bene, grazie. E Lei/tu?
Auf Wiedersehen!	Arrivederci!
Tschüs!	Ciao!
Bis bald!	A presto!
Bis morgen!	A domani!

Auskunft

links/rechts	a sinistra/a destra
geradeaus	diritto
nah/weit	vicino/lontano
Wie weit ist das?	Quanti chilometri sono?
Ich möchte ... mieten.	Vorrei noleggiare ...
... ein Auto	... una macchina.
... ein Fahrrad	... una bicicletta.
... ein Boot	... una barca.
Bitte, wo ist ...?	Scusi, dov'è ...?
der (Haupt-)Bahnhof	la stazione (centrale)
die Haltestelle	la fermata
der Hafen	il porto
der Flughafen	l'aeroporto
Zum ... Hotel.	All'albergo ...

Panne

Ich habe eine Panne.	Ho un guasto.
Ich habe einen Platten.	Ho forato una gomma.
Würden Sie mir einen Abschleppwagen schicken?	Mi potrebbe mandare un carro-attrezzi?
Gibt es hier in der Nähe eine Werkstatt?	Scusi, c'è un'officina qui vicino?

Tankstelle

Wo ist bitte die nächste Tankstelle?	Dov'è la prossima stazione di servizio, per favore?
Ich möchte ... Liter ...	Vorrei ... litri di ...
... Super./... Diesel.	... super./... gasolio.
... bleifrei.	... senza piombo (verde).
Volltanken, bitte!	Il pieno, per favore!
Prüfen Sie bitte auch das Öl (das Wasser – den Reifendruck)!	Mi guardi anche l'olio (l'acqua – le gomme) per favore!

Unfall

Hilfe!	Aiuto!
Achtung!/Vorsicht!	Attenzione!
Rufen Sie bitte schnell ...	Chiami subito ...
... einen Krankenwagen.	... un'autoambulanza.
... die Polizei.	... la polizia.
... die Feuerwehr.	... i vigili del fuoco.
Haben Sie Verbandszeug?	Ha materiale di pronto soccorso?
Es war meine Schuld.	È stata colpa mia.
Es war Ihre Schuld.	È stata colpa Sua.
Geben Sie mir bitte Ihren Namen und Ihre Anschrift!	Mi dia il Suo nome e indirizzo, per favore!

ESSEN/UNTERHALTUNG

Wo gibt es hier …	Scusi, mi potrebbe indicare …
… ein gutes Restaurant?	… un buon ristorante?
… ein typisches Restaurant?	… un locale tipico?
Gibt es in der Nähe eine Weinstube?	C'è una enoteca qui vicino?
Reservieren Sie uns bitte für heute abend einen Tisch für 4 Personen.	Può riservarci per stasera un tavolo per quattro persone?
Auf Ihr Wohl!	(Alla Sua) salute!
Bezahlen, bitte.	Il conto, per favore.
Hat es geschmeckt?	Andava bene?
Das Essen war ausgezeichnet.	(Il mangiare) era eccellente.
Haben Sie einen Veranstaltungskalender?	Ha un programma delle manifestazioni?

EINKAUFEN

Wo finde ich …?	Dove posso trovare …?
eine Apotheke	una farmacia
eine Bäckerei	un panificio
ein Fotogeschäft	un negozio di articoli fotografici
ein Kaufhaus	un grande magazzino
ein Lebensmittelgeschäft	un negozio di generi alimentari
den Markt	il mercato
einen Supermarkt	un supermercato
einen Tabakladen	un tabaccaio
einen Zeitungshändler	un giornalaio

ÜBERNACHTUNG

Können Sie mir bitte … empfehlen?	Scusi, potrebbe consigliarmi …
… ein Hotel	… un albergo?
… eine Pension	… una pensione?
Ich habe bei Ihnen ein Zimmer reserviert.	Ho prenotato una camera.
Haben Sie noch …?	È libera …?
… ein Einzelzimmer	… una singola
… ein Zweibettzimmer	… una doppia
… mit Dusche/Bad	… con doccia/bagno
… für eine Nacht	… per una notte
… für eine Woche	… per una settimana
… mit Blick aufs Meer	… con vista sul mare
Was kostet das Zimmer …	Quanto costa la camera …
… mit Frühstück?	… con la prima colazione?
… mit Halbpension?	… a mezza pensione?

Arzt

Können Sie mir einen guten Arzt empfehlen?	Mi può consigliạre un buọn mẹdico?
Ich habe Durchfall	Sọffro di diarrẹa.
Ich habe ...	Ho ...
... Fieber.	... la fẹbbre.
... Kopfschmerzen.	... mal di tẹsta.
... Zahnschmerzen.	... mal di dẹnti.

Bank

Wo ist bitte ...	Scụsi, dọve pọsso trovạre ...
... eine Bank?	... ụna bạnca?
... eine Wechselstube?	... un'agenzịa di cạmbio?
... der nächste Geldautomat?	... il bancomạt più vicịno?
Ich möchte diese ... DM (Schilling, Schweizer Franken) in Lire wechseln.	Vorrẹi cambiạre quẹsti mạrchi (scellịni, frạnchi svịzzeri) in lịre.

Post

Was kostet ...	Quạnto cọsta ...
... ein Brief ...	... ụna lẹttera ...
... eine Postkarte ...	... ụna cartolịna ...
nach Deutschland?	per la Germạnia?

Zahlen

0	zẹro	19	diciannọve	
1	ụno	20	vẹnti	
2	dụe	21	ventụno	
3	tre	30	trẹnta	
4	quạttro	40	quarạnta	
5	cịnque	50	cinquạnta	
6	sei	60	sessạnta	
7	sẹtte	70	settạnta	
8	ọtto	80	ottạnta	
9	nọve	90	novạnta	
10	diẹci	100	cẹnto	
11	ụndici	101	centoụno	
12	dọdici	200	duecẹnto	
13	trẹdici	1000	mịlle	
14	quattọrdici	2000	duemịla	
15	quịndici	10000	diecimịla	
16	sẹdici			
17	diciassẹtte	1/2	un mẹzzo	
18	diciọtto	1/4	un quạrto	

Carta
Speisekarte

PRIMA COLAZIONE	FRÜHSTÜCK
caffè, espresso	kleiner, starker Kaffee ohne Milch
caffè macchiato	kleiner, starker Kaffee mit wenig Milch
caffellatte	Kaffee mit Milch
caffè decaffeinizzato	koffeinfreier Kaffee
cappuccino	Kaffee mit aufgeschäumter Milch
tè al latte/al limone	Tee mit Milch/Zitrone
tè alla menta/alla frutta	Pfefferminz-/Früchtetee
latte	Milch
cioccolata	Trinkschokolade
spremuta	frisch gepreßter Fruchtsaft
succo di frutta	Fruchtsaft
frittata	Omelett/Pfannkuchen
uovo alla coque	weiches Ei
uova al tegame	Spiegeleier
uova sode	harte Eier
uova strapazzate	Rühreier
pane/panino/pane tostato	Brot/Brötchen/Toast
cornetto, brioche	Hörnchen
burro	Butter
formaggio	Käse
salame	Wurst
prosciutto (crudo, cotto)	Schinken (roh, gekocht)
miele	Honig
marmellata	Marmelade
iogurt	Joghurt
della frutta	etwas Obst

ANTIPASTI/MINESTRE	VORSPEISEN/SUPPEN
acciughe	Sardellen
affettato misto	gemischter Aufschnitt
antipasti di terra	Wurst und Schinken
carciofini sott'olio	Artischockenherzen in Öl
funghi sott'olio	Pilze in Öl
melone e prosciutto	Melone mit Schinken
minestrone	dicke Gemüsesuppe
pastina in brodo	Fleischbrühe mit kleinen Teigwaren
vitello tonnato	kalter Kalbsbraten mit Thunfischcreme

PRIMI PIATTI	NUDEL- UND REISGERICHTE
pasta	Nudeln
… alla napoletana/al pomodoro	… mit Tomatensoße (ohne Fleisch)
… alla bolognese/al ragù	… mit Tomatensoße (mit Fleisch)
… al tartufo	… mit Trüffeln
… alla panna	… mit Sahne
… aglio e olio	… mit Knoblauch und Öl
fettuccine/tagliatelle	Bandnudeln
gnocchi	kleine Kartoffelklößchen
agnolotti/ravioli/tortellini	gefüllte Teigtaschen
vermicelli	Fadennudeln
strozzapreti	eine Art dicke Spaghetti

CARNE E PESCE	FLEISCH UND FISCH
agnello	Lamm
ai ferri/alla griglia	vom Grill
anguilla	Aal
anitra	Ente
aragosta	Languste
arrosto	Braten
baccalà	Stockfisch
brasato	Braten
budelacci	gegrillte Innereien vom Schwein
calamari	Tintenfische
carpa	Karpfen
coda di rospo	Seeteufel
coniglio	Kaninchen
fegato	Leber
fritto di pesce	gebackene Fischchen
maiale	Schweinefleisch
manzo	Rindfleisch
ossobuco	Kalbshaxenscheibe mit Soße
pollo	Huhn
porchetta	Spanferkel
rognoni	Nieren
salcicce	Bratwürste
sgombro	Makrele
sogliola	Seezunge
spezzatino	Geschnetzeltes/Gulasch
tacchino	Truthahn, Pute
tegamaccio	Fischsuppe
tonno	Thunfisch
trota	Forelle
vitello	Kalbfleisch
vongole	Venusmuscheln

VERDURA E CONTORNI	GEMÜSE UND BEILAGEN
asparagi	Spargel
carciofi	Artischocken
carote	Möhren, Karotten
cavolfiore	Blumenkohl
cavolo	Kohl
cipolle	Zwiebeln
fagioli	weiße Bohnen
fagiolini	grüne Bohnen
finocchi	Fenchel
funghi	Pilze
insalata mista	gemischter Salat
insalata verde	grüner Salat
lenticchie	Linsen
melanzane	Auberginen
patate	Kartoffeln
patatine fritte	Pommes frites
peperoni	Paprika
piselli	Erbsen
polenta	Maisbrei
pomodori	Tomaten
porcini	Steinpilze
sedano	Sellerie
spinaci	Spinat
tartufi (bianchi/neri)	Trüffel (weiße/schwarze)
zucca	Kürbis

FORMAGGI	KÄSE
parmigiano	Parmesankäse
pecorino	Schafskäse
ricotta	quarkähnlicher Frischkäse

DOLCI E FRUTTA	NACHSPEISEN UND OBST
albicocca	Aprikose
anguria, cocomero	Wassermelone
arancia	Orange
brustengolo	Polenta mit Äpfeln und Nüssen
ciliegie	Kirschen
coppa assortita	gemischter Eisbecher
coppa con panna	Eisbecher mit Sahne
fichi	Feigen
fragole	Erdbeeren
gelato	Eis
lamponi	Himbeeren
macedonia	Obstsalat
mela	Apfel

melone	Honigmelone
ossa di morti	feines Mandelgebäck
pannacotta	Sahnepudding
panpepato	eine Art Pfeffernüsse
pera	Birne
pesca	Pfirsich
pinoccate	Pinienkerngebäck
prugna/susina	Pflaume
tirami su	Löffelbiskuit mit Kaffee und Mascarpone-Creme
torciglione	Mandelgebäck
uva	Trauben
zuppa inglese	Biskuit mit Vanillecreme

Lista delle bevande
Getränkekarte

BEVANDE	GETRÄNKE
acqua minerale	Mineralwasser
amabile, dolce	lieblich, süß
amaro	Magenbitter
aranciata	Orangeade
bibita	Erfrischungsgetränk
bicchiere	Glas
birra scura/chiara	dunkles/helles Bier
birra alla spina	Bier vom Faß
birra senza alcool	alkoholfreies Bier
bottiglia	Flasche
con ghiaccio	mit Eis
digestivo	Verdauungsschnaps
frappé/frullato	Milchmixgetränk (oft mit Eis)
gassata/con gas	mit Kohlensäure
grappa	Tresterschnaps
limonata	Limonade
liquore	Likör
liscia/senza gas	pur/ohne Kohlensäure
secco	trocken
spremuta di arancia	frisch gepreßter Orangensaft
spumante	Sekt
succo di frutta/di mele	Frucht-/Apfelsaft
succo di pomodoro	Tomatensaft
vino bianco/rosato/rosso	Weiß-/Rosé-/Rotwein
vino della casa	Hauswein
vino frizzante	Perlwein, moussierender Wein
vino sfuso/aperto	offener Wein

Reiseatlas Umbrien

Die Seiteneinteilung für den Reiseatlas finden Sie auf dem hinteren Umschlag dieses Reiseführers

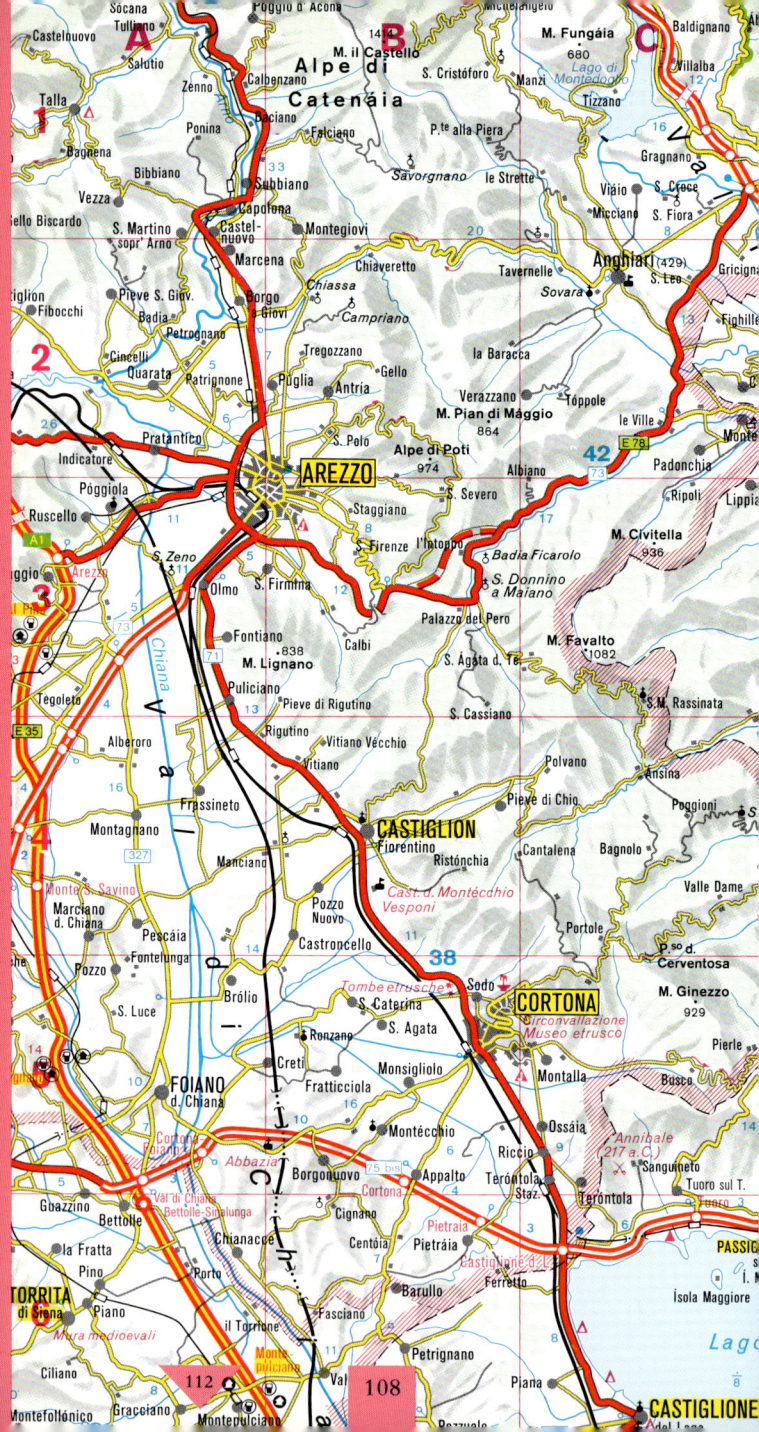

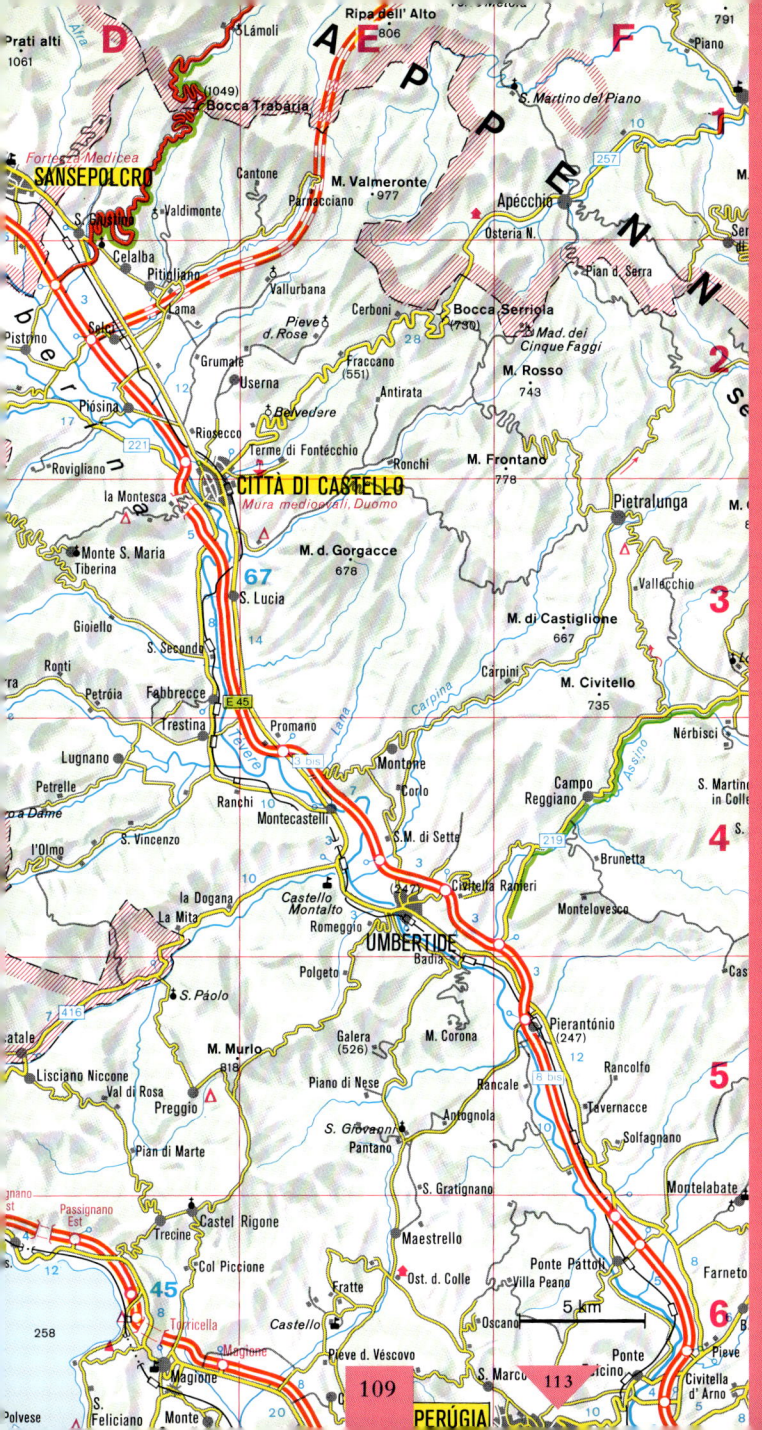

Prati alti
1061

D

S.Lámoli

Ripa Dell' Alto
806

A E P P E N N

F

791

Piano

1

Bocca Trabária
(1049)

S. Martino del Piano

Fortezza Medicea

SANSEPOLCRO

S. Fiora

Celalba

Pitigliano

Valdimonte

Cantone

Parnacciano

M. Valmeronte
977

Apécchio

Osteria N.

257

10

Vallurbana

Lama

Pieve
d. Rose

Cerboni

Bocca Serriola
(730)

Pian d. Serra

S. Mad. dei
Cinque Faggi

Selci

Grumale

Userna

Belvedere

Fraccano
(551)

Antirata

M. Rosso
743

Piósina

17

Riosecco

Terme di Fontécchio

Ronchi

M. Frontano
778

Rovigliano

221

la Montesca

CITTÀ DI CASTELLO

Mura medioevali, Duomo

Pietralunga

Monte S. Maria
Tiberina

5

M. d. Gorgacce
678

67

S. Lucia

Vallécchio

3

Gioiello

Rontí

S. Seconda

14

M. di Castiglione
667

Petróia

Fabbrecce

E 45

Carpini

M. Civitello
735

Nérbisci

Trestina

Promano

13 bis

Lugnano

Ranchi

10

Montecastelli

Montone

Corlo

Campo
Reggiano

S. Martino
in Colle

Petrelle

l'Olmo

S. Vincenzo

7

S.M. di Sette

219

Brunetta

la Dame

la Dogana

La Mita

Castello
Montalto

Roméggio

247

Ciuitella Ranieri

Montelovesco

S. Páolo

416

UMBERTIDE

Badia

Polgeto

Pierantónio
(247)

atale

Lisciano Niccone

Val di Rosa

Preggio

Galera
(526)

M. Murlo
818

Piano di Nese

M. Corona

Rancale

Rancolfo

Tavernacce

Pian di Marte

S. Giovanni

Pantano

Antognola

Solfagnano

Montelabate

Passignano
Est

Trecine

Castel Rigone

Col Piccione

S. Gratignano

Maestrello

Ponte Páttoli
Villa Peana

Farneto

258

12

45

Torricella

Fratte

Castello

Ost. d. Colle

Oscano

5 km

6

Pieve

Maglione

Magione

Pieve di Véscovo

S. Marco

Ponte
Felcino

Civitella
d' Arno

Pólvese

S.
Feliciano

Monte

20

PERÚGIA

109

113

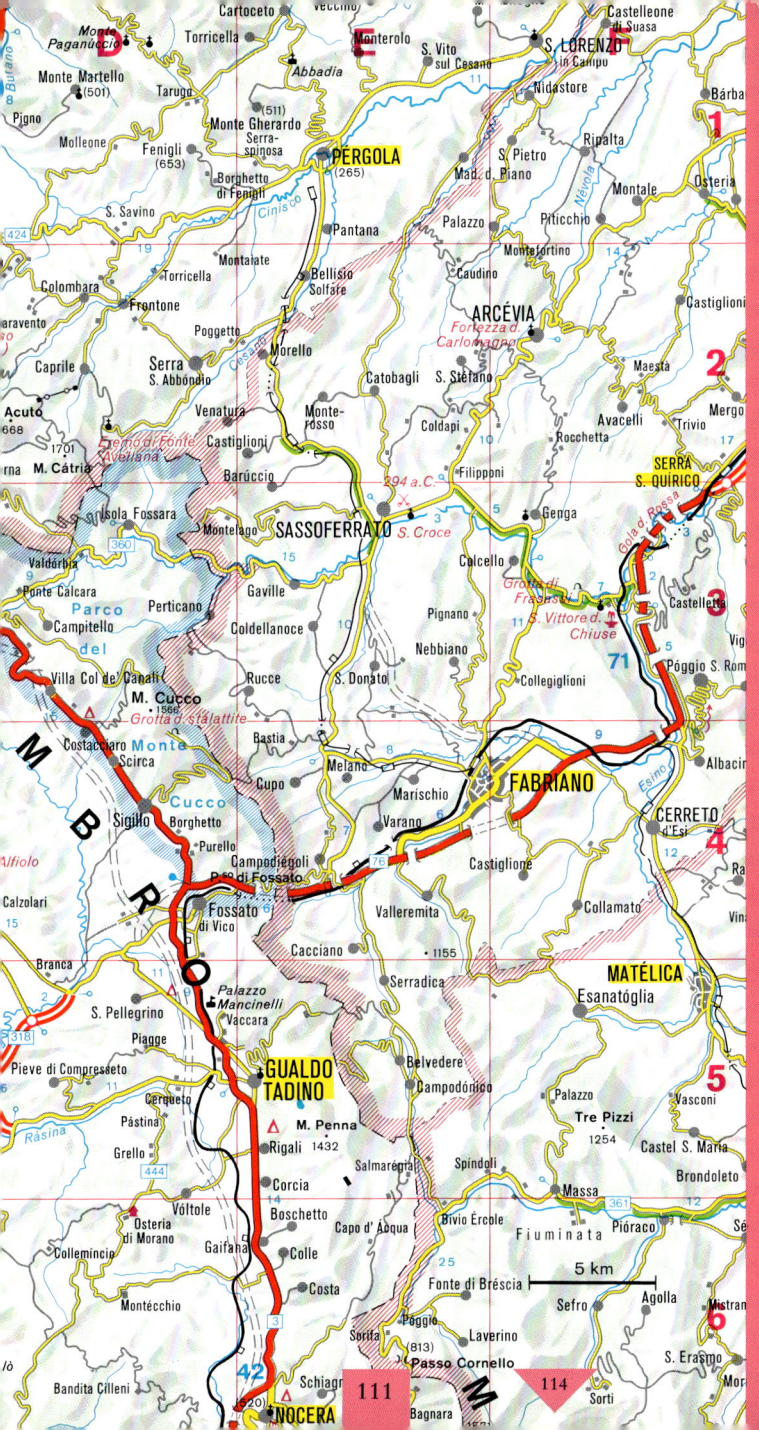

115

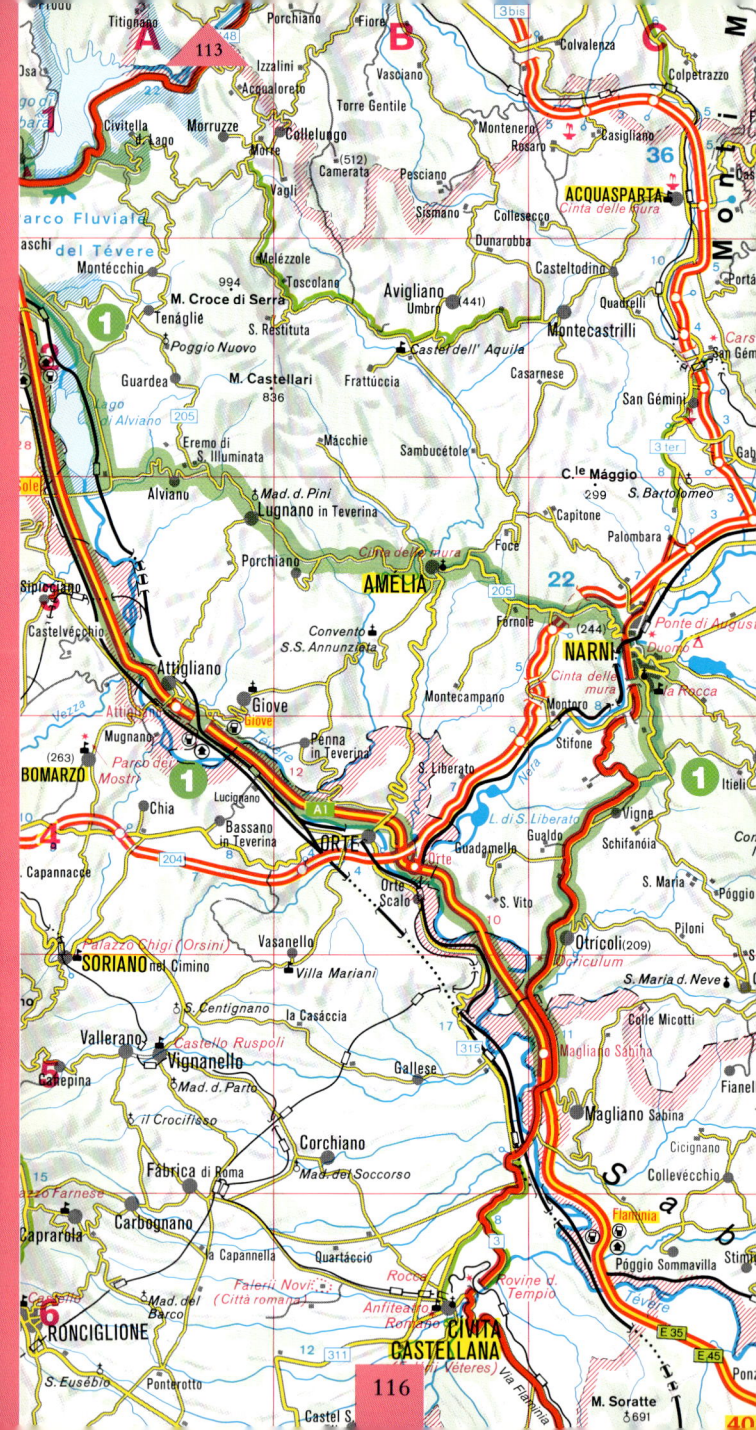

LEGENDE REISEATLAS

Autobahn mit Anschlußstelle -, Halbanschlußstelle - Mautstelle	Motorway with junction -, half junction - Toll
Autobahn in Bau - geplant	Motorway under construction - projected
Tankstelle - Rasthaus -, mit Motel	Filling station - Restaurant -, with motel
Vierspurige Straße - in Bau	Road with four lanes - under construction
National- oder Staatsstraße - in Bau	Trunk road - under construction
Wichtige Hauptstraße - in Bau	Important main road - under construction
Hauptstraße - Nebenstraße	Main road - Secondary road
Fahrweg - Fußweg	Practicable road - Footpath
Paßstraße mit Wintersperre - Steigung	Mountain pass closed in winter - Gradient
Für Wohnwagen nicht empfehlenswert -, verboten	Not suitable for caravans - closed
Maut - gebührenpflichtige Straße - Für Kfz gesperrt	Toll - Toll road - Road closed for motor traffic
Hauptbahn mit Bahnhof - Nebenbahn	Main railway with station - Other railway
Eisenbahn (Güterverkehr) - Autoverladung	Railway (freight haulage) - Railway ferry for cars
Seilbahn - Sessellift - Skilift	Cable lift - Chair lift - T-bar
Schifffahrtslinie mit Autotransport	Car ferry route
Flughafen - Flugplatz - Segelflugplatz	Airport - Airfield - Gliding field
Besonders sehenswerter Ort	Place of particular interest
Sehenswerter Ort	Place of interest
Besonders sehenswertes Bauwerk	Building of particular interest
Sehenswertes Bauwerk	Interesting building
Besondere Natursehenswürdigkeit	Natural object of particular interest
Sonstige Sehenswürdigkeit	Other objects of interest
Landschaftlich schöne Strecke	Scenic road
Touristenstraße	Tourist route
Nationalpark, Naturpark - Aussichtspunkt	National park, nature park - Viewpoint
Botanischer Garten, sehenswerter Park	Botanical gardens, interesting park
Zoologischer Garten - Wildgehege	Zoological garden - Game park, game preserve
Burg, Schloß für Besucher zugänglich - Ruine	Castle open to public - Ruin
Sonstige Burg, Schloß - Kirche - Kloster - Ruinen	Other castle - Church - Monastery - Ruins
Turm - Funk- oder Fernsehturm	Tower - Radio- or TV tower
Denkmal - Leuchtturm	Monument - Lighthouse
Alleinstehendes Hotel oder Gasthaus - Motel	Isolated hotel or inn - Motel
Jugendherberge - Berghütte - Einzelhof	Youth hostel - Mountain hut - Isolated building
Campingplatz ganzjährig - nur im Sommer	Camping site permanent - seasonal
Strandbad - Schwimmbad - Heilbad	Bathing place - Swimming pool - Spa
Staatsgrenze mit Grenzübergang	State boundary with border crossing point
Verwaltungsgrenze - Sperrgebiet	Administrative boundary - Restricted area

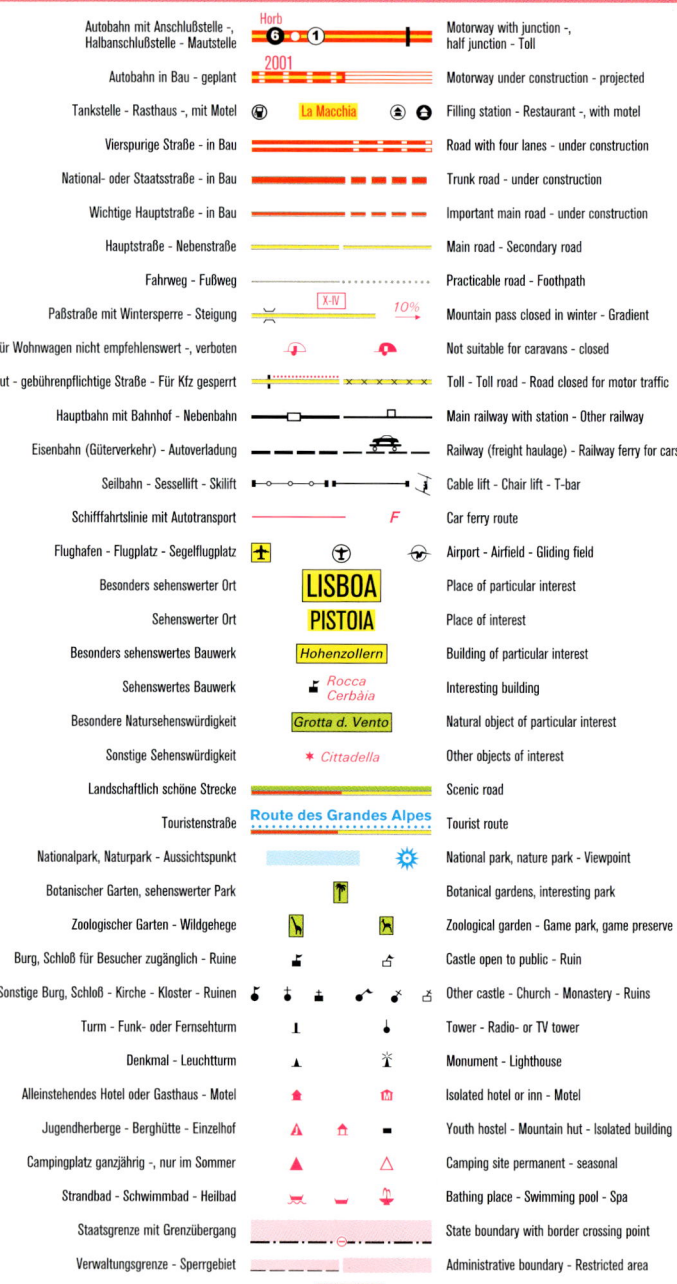

REGISTER

Enthalten sind alle in diesem Führer beschriebenen Orte und Ausflugsziele.
Halbfette Seitenzahlen verweisen auf den Haupteintrag, kursive auf ein Foto.

Was bekomme ich für mein Geld?

Währungseinheit ist die Italienische Lira (Lit). Banknoten gibt es zu 500 000, 100 000, 50 000, 10 000, 5000, 2000 und 1000 Lit, Münzen zu 500, 200, 100 und 50 Lit. Es ist günstiger, sein Geld in Italien zu wechseln.

Ein Cappuccino und ein Brioche kosten, im Stehen an der Bar verzehrt, 3000 bis 3500 Lit – im Café auf einer Piazza sitzend, wird oft das Drei- bis Vierfache verlangt. Teuer sind die Eintrittspreise für Diskotheken – ab 20 000 Lit. Ein kleines Bier kostet 2500 Lit, ein Glas Wein etwa 1500 Lit.

Bus- und Bahnfahrten sind wesentlich billiger als in Deutschland. Die zweieinhalbstündige Bahnfahrt von Rom nach Perugia kostet beispielsweise nur 18 000 Lit. Autofahren dagegen ist teurer. Zu den hohen Gebühren der Autobahnen (mindestens 1000 Lit für 10 km) kommen Benzinpreise von 1830 Lit für Super, 1750 Lit für Bleifrei oder 1400 Lit für Diesel pro Liter. Ein Ortsgespräch von drei Minuten kostet 200 Lit, ein dreiminütiges Auslandsgespräch (Deutschland, Österreich, Schweiz) um 3000 Lit. Eine Postkarte

kostet zwischen 100 und 1000 Lit, das Porto in EU-Länder beträgt 800 Lit. Die Museumseintritte variieren zwischen 500 und 12 000 Lit. Wer über 60 Jahre alt ist, hat in den staatlichen Museen freien Eintritt.

DM	Lit	Lit	DM
1	990	100	0,10
2	1.980	500	0,51
3	2.970	1.000	1,01
4	3.960	1.500	1,52
5	4.950	2.000	2,02
10	9.900	5.000	5,05
20	19.800	7.500	7,58
25	24.750	10.000	10,10
30	29.700	20.000	20,20
40	39.600	25.000	25,25
50	49.500	30.000	30,30
60	59.400	40.000	40,40
70	69.300	50.000	50,51
75	74.250	60.000	60,61
80	79.200	70.000	70,71
90	89.100	80.000	80,81
100	99.000	90.000	90,91
250	247.500	100.000	101,01
500	495.000	500.000	505,05
1.000	990.000	1.000.000	1.010,10

Seit 1999 gelten bis zur endgültigen Einführung des Euro die obenstehenden Kurse. Sie sind keinen Schwankungen mehr unterworfen.

Damit macht Ihre nächste Reise mehr Freude:

Die neuen Marco Polo Sprachführer. Für viele Sprachen.

Sprechen und Verstehen ganz einfach. Mit Insider-Tips.

Das und vieles mehr finden Sie in den Marco Polo Sprachführern:
- Redewendungen für jede Situation
- Ausführliches Menü-Kapitel
- Bloß nicht!
- Reisen mit Kindern
- Die 1333 wichtigsten Wörter